Sociedade dividida: Iugoslávia

SOCIEDADE DIVIDIDA: IUGOSLÁVIA

Raphael Lima

prefácio

Quando o Raphael me pediu para escrever o prefácio do seu novo livro, aceitei com grande satisfação e entusiasmo. Conhecendo como conheço o seu trabalho, fui ganhando admiração pela forma como aborda o tema das sociedades divididas e pelo trabalho de campo que vem realizando nesta área. Acima de tudo, aprecio o modo como articula reflexões pessoais, conversas informais e fotografia no sentido de colocar as questões relevantes que ajudam a compreender as linhas fraturantes de muitas sociedades no mundo contemporâneo. O trabalho realizado pelo Raphael, e plasmado neste novo livro, é tanto mais relevante quanto assume a diversidade de perspectivas pessoais acerca do mundo como ponto de partida para a compreensão de fenómenos tão complexos, e historicamente tão carregados, como são a fratura social, a divisão política ou as fronteiras nacionais. Todos nós, de uma forma ou de outra, vivemos em sociedades marcadas por diferentes fendas sociais e só a compreensão da sua natureza construída, ou artificial, e a consciência de como ela introduz e solidifica injustiças desnecessárias pode gerar esperança na possibilidade de construir pontes para as transcender.

Se uma coisa o trabalho do Raphael permite responder inequivocamente é que as fendas e divisões que marcam o nosso mundo não vão desaparecer de um dia para o outro. Elas são o produto de práticas sociais arraigadas, de hábitos e decisões políticas com repercussões profundíssimas na vida das sociedades e nas identidades individuais e coletivas. Antes de mais, as fotos e textos do Raphael deveriam reconciliar-nos com este facto. Não há justiça poética nem justiça divina capaz de refazer, do nada, o que foi fragmentado e destruído ao longo do tempo; é necessária uma dose de humildade no dia-a-dia que reaproxime indivíduos e coletivos e refaça práticas e identidades, progressivamente, num sentido cada vez mais inclusivo.

Partir da fotografia para este exercício é assumir que todo o fenómeno social e político tem uma dimensão visual fundamental para a sua compreensão, ou seja, para descobrir o confronto de subjetividades e o forjar da intersubjetividade que marcam o mundo do quotidiano. E é aí precisamente que o livro do Raphael faz a sua contribuição mais valiosa, pois ajuda a identificar e a compreender o carácter das fendas que continuam bem visíveis, e marcam o invisível, no dia-a-dia do pós-Iugoslávia. A análise de fenómenos políticos como este não precisa apenas, ou nem especialmente, de livros que assumam uma perspectiva afastada do seu objeto e se limitem a reproduzir a cadeia de acontecimentos que, numa lógica aparentemente causal, pretendem chegar a respostas tipo causa e efeito.

Vinte e cinco anos após as guerras devastadoras na antiga Iugoslávia, é mais útil que nunca aprofundar exercícios subjetivos, como este livro, que procuram iluminar a partir de dentro do fenómeno as fendas existentes na paisagem natural, na paisagem urbana e no próprio interior da consciência, da subjetividade, daqueles que sobreviveram à devastação ou são os seus herdeiros. As respostas políticas seguem num plano paralelo; livros como este têm como papel primordial continuar o exercício hermenêutico e reflexivo em torno das fendas que dividem as sociedades contemporâneas e da sua perenidade ou obstinação. Este exercício reflexivo aponta no sentido de repensar criticamente todas essas práticas como ontologias sociais, ou seja, como interações e transações humanas que se constituem historicamente e materializam em jogos linguísticos, estratégias de poder e discursos específicos.

Através de uma estratégia reflexiva e narrativa, o livro do Raphael recorda-nos que a Iugoslávia foi filha do seu tempo, do século 20, e que tem de ser lida através daquelas mesmas categorias que serviram a Claudio Magris para compreender esse terrível século: a utopia e o desencanto. A utopia omnipresente nas esperanças emancipatórias do projeto federador dos pequenos povos balcânicos; o desencanto que sobreveio e marcou a miséria humana da guerra e do genocídio. No epílogo do seu filme *Underground* (1995), Emir Kusturica produz o seu relato pessoal à volta da utopia e do desencanto e fornece aquele que ainda é para mim, ao dia de hoje, o mais tocante epitáfio da Iugoslávia:

> Recordaremos o nosso país com dor, tristeza e alegria cada vez que contarmos aos nossos filhos histórias que começam como um conto de fadas: "Era uma vez um país".

Underground é uma peça incontornável daquilo a que chamei "iugostalgia", essa consciência histórica que balança, como um pêndulo, entre utopia e desencanto, sem encontrar síntese reconfortante ou reconciliadora com os factos sucedidos. Vinte e cinco anos após esses factos, a reflexão do Raphael revisita, com perspectiva renovada, essa "iugostalgia" e as categorias siamesas da utopia e do desencanto. Mas fá-lo pondo em relevo o caráter intrinsecamente ambivalente de todas as sociedades e nações, como ensinou Homi Bhabha.

Urdido através de uma teia de reflexões pessoais, conversas e fotos, o livro do Rapahel também é um recordatório de que todas as nações são profundamente narrativas e, por conseguinte, sistemas instáveis de significação cultural. Mais ainda, aquilo que a divisão da Iugoslávia, a partir de fendas identitárias excludentes, permite observar no dia-a-dia das novas práticas, dos novos símbolos e dos novos discursos e narrativas é o caráter performativo de todas as identidades enquanto iteração e recriação. Numa abordagem mais profunda, um livro como o do Raphael põe em destaque o caráter performativo das crises e das divisões que elas produzem, e explora a complexidade dos fenómenos que marcam a deslocação e a recriação das identidades no mundo em que vivemos. As estratégias visuais são críticas nesta abordagem já que, mais do que as palavras, as imagens do dia-a-dia têm essa potencialidade para pôr em relevo a articulação pragmática que se estabelece entre subjetividades, corpos humanos e práticas culturais. Como diria Michel de Certeau, essas imagens permitem captar uma certa poética do quotidiano e torná-la visível, ou seja, aquela densidade que emerge das relações e dinâmicas do dia-a-dia mas que resiste à representação por via de epistemologias e métodos cognitivos mais tradicionais.

O livro do Raphael está marcado por essa poética de um quotidiano em que se misturam utopia e desencanto, e onde a nostalgia de um país que já não existe perpassa em cada palavra, cada foto, cada passo e trajeto. É apresentado pelo autor como um diário de viagem mas, mais além dos lugares, o Raphael conduz-nos sobretudo por territórios da memória pessoal e coletiva, por essa fresta existencial que liga os séculos 20 e 21 e faz parte inalienável do legado de cada um de nós.

Que venham mais, viagens e livros.

Marcos Farias Ferreira,
Mestre e doutor em Relações Internacionais pelo Instituto Superior de Ciências Sociais e Políticas da Universidade de Lisboa e Aberystwyth University

Dedicado às vítimas das guerras iugoslavas
e ao Seu Manel, sempre presente

"Esta guerra não nos mandou de volta para a Idade Média, mas para a Idade da Pedra."

Sead Vranic, morador de Sarajevo,
em *Besieged*, de Barbara Demick

ÁUSTRIA

Ljubljana
ESLOVÊNIA

Zagreb
CROÁCIA

BÓSNIA E HERZEGOV

Mo

M A R   A D R I A T I C O

ITÁLIA

NGRIA

Vojvodina

ukovar

Zvornik
Vlasenica
Srebrenica
Sarajevo

SÉRVIA

Beograd
(Belgrado)

ROMÊNIA

Niš

MONTENEGRO

Podgorica

Mitrovica
Decani   Priština
Kosovo
Velika Hoca
Prizren
Skopje

BULGÁRIA

MACEDÔNIA

ALBÂNIA

GRÉCIA

apresentação

A diferença entre organizar uma viagem e viajar é enorme. Em alguns casos, a empolgação não é a mesma quando se entra no avião, no carro, ônibus ou trem. Comigo isso sempre acontece e dessa vez não foi diferente. A ida para os Bálcãs foi planejada em 2014, quando visitei a Croácia e a Eslovênia. Na ocasião, também iria para a Bósnia, mas acabei desistindo. O medo de avião foi o motivo. Ao voltar para o Brasil, imaginei que a ideia de regressar à região e ficar por mais tempo seria interessante para o projeto Sociedade Dividida, que comecei a arquitetar no início daquele ano, quando visitei Belfast, na Irlanda do Norte, e a Palestina.

No fim de 2015, já morando em Portugal, decidi visitar Belgrado, na Sérvia, fortemente bombardeada pela OTAN, durante a Guerra do Kosovo, em 1999. A partir daí a antiga Iugoslávia entrou na mira do projeto que, à época, já contava com o primeiro livro lançado, sobre a Palestina.

Em março de 2016, fui para a República do Chipre e para a República Turca do Chipre do Norte (um Estado autoproclamado e só reconhecido pela Turquia), onde fotografei uma zona entre os dois países, sob o domínio da Organização das Nações Unidas. Não chegou a ser uma fase do Sociedade Dividida, já que não houve nenhum tipo pesquisa mais aprofundada, ou mesmo entrevistas. O objetivo era ter material para uma exposição.

A ideia do segundo livro foi ganhando força e o problema se resumia a uma questão: para onde ir? Basicamente eram três as opções: voltar a Chipre, onde já havia uma base para desenvolver; voltar a Belfast, na Irlanda do Norte, onde tive o primeiro *insight* do projeto, e pesquisar sobre as diferenças

15

entre católicos e protestantes; ou ir para a antiga Iugoslávia e entender os motivos que levaram ao colapso do país, na década de 1990, após quase quarenta anos sob o comando do Marechal Josip Broz Tito e passados mais dez anos, após sua morte, com nacionalismos cada vez mais exacerbados. Optei pelo terceiro, sem dúvida o mais difícil e o que demandaria mais tempo. A ideia aqui é contar um pouco da Iugoslávia desde a morte de Tito, em 1980, até os dias de hoje. O resultado é o que está a seguir. Não é e não pretende ser um livro de História, é um relato das impressões que tive durante 25 dias nos Bálcãs.

Raphael Lima

24 de março
18 anos depois da primeira bomba;
29 anos depois do primeiro Big Mac

Eu venho de um lugar sombrio. A Iugoslávia no pós-guerra, de meados da década de 40 até meados da década de 70. Uma ditadura comunista, comandada pelo Marechal Tito. Incessantes carências de tudo; um aspecto deprimente por toda a parte. É uma característica do comunismo e do socialismo: uma espécie de estética baseada na pura feiura. A Belgrado da minha infância nem mesmo tinha o monumentalismo da Praça Vermelha, em Moscou. Como se os líderes tivessem olhado pela lente do comunismo dos outros e construído algo não tão bom, algo menos funcional e mais ferrado.

Marina Abramovic, *Pelas paredes.*

Duvido que alguém, ao ler o relato acima, tenha tido vontade de conhecer a atual capital da Sérvia. Mas eu já havia estado lá dois anos antes, e precisava voltar. E voltaria mesmo se não fosse preciso. Sim, a cidade tem ares de decadência. Após quase vinte anos de uma desintegração difícil, não há cidade ou país que resista. Mas não consigo imaginar que ela fosse assim durante toda a segunda parte do século 20. Ao longo da viagem, ouvi muitos relatos sobre gente que viveu na antiga Iugoslávia. Poucas pessoas citaram esse aspecto.

Lisboa — Frankfurt — Belgrado

Por volta das três da manhã, sigo para o aeroporto de Lisboa. Em algumas horas estarei em Belgrado. O dia é importante na história da cidade, onde, há exatos 18 anos, tinha início o bombardeio da OTAN na capital da Sérvia, na ocasião, "República Federativa da Iugoslávia", já sem o "Socialista".

No voo era impossível dormir. Um grupo de quenianos, provavelmente com alguma falha em seus fusos horários, não parou de falar do momento em que o avião decolou até o pouso em Frankfurt, na Alemanha, onde precisaria fazer uma conexão. Eram dez e meia quando saímos de lá para o destino final: *Aerodrom* Nikola Tesla, Belgrado, Sérvia.

Para quem sofre de fobia de aviões, nada é mais prazeroso do que pousar no destino. Além de não ter o glamour de um trem, é desconfortável. O escritor viajante Paul Theroux definiu bem as viagens aéreas em alguns de seus livros. Em *Fresh Air Fiend*, diz que elas são "simples e aborrecidas". E completa: "E causam ansiedade. É como estar no dentista, até pelas cadeiras".

Na saída do saguão, fui direto ao ônibus que leva os recém-chegados ao centro da cidade. Um russo, completamente embriagado, socava a porta do coletivo para tentar embarcar. Foi expulso.

Fiquei no mesmo hostel em que havia me hospedado em 2015, para facilitar a locomoção. Segui de lá para o Parlamento. Esperava protestos mais veementes por causa da data, mas o que vi foram os mesmos cartazes desbotados de um ano e meio atrás. Dali passei pelos prédios bombardeados, durante o ataque de 1999, para fotografá-los, e segui à Praça Slavia. É bom visitar um destino mais de uma vez. Você já sabe o que fazer e parece estar chegando em algo parecido com a própria casa, onde você já conhece o caminho do banheiro.

Mc

Há 29 anos foi inaugurado naquele ponto o primeiro McDonald's de um país comunista. Quase 50 anos depois da abertura do primeiro restaurante da rede, na Califórnia, a capital Belgrado da antiga Iugoslávia abriu as portas para Ronald e sua turma. Em 24 de março de 1988, o país ainda era sólido, mesmo com alguns pavios já acesos.

Na Praça Slavia, umas das principais da cidade, o restaurante ocupava uma espécie de casa, a menos de 500 metros do templo de São Sava. Já no primeiro dia: seis mil pessoas. A lanchonete bateu recordes e mais recordes. Eis que começam as guerras de separação do país e as sanções deixam o restaurante até mesmo sem ketchup. De lá pra cá, três ataques. O primeiro foi durante o bombardeio da OTAN, em 1999, que destruiu boa parte da cidade e teve início no aniversário de onze anos do McDonald's. Uma multidão destruiu o estabelecimento, que respondeu com a construção de um bunker para a população se proteger das bombas. O segundo veio com a declaração unilateral de independência do Kosovo, em 2008. Novamente a população se revoltou contra o estabelecimento. E o terceiro em 2010, quando mais uma vez foi atacado, durante um ato nacionalista. Hoje a lanchonete dos arcos dourados continua lá, reconstruída, no mesmo lugar em que foi erguida há 29 anos.

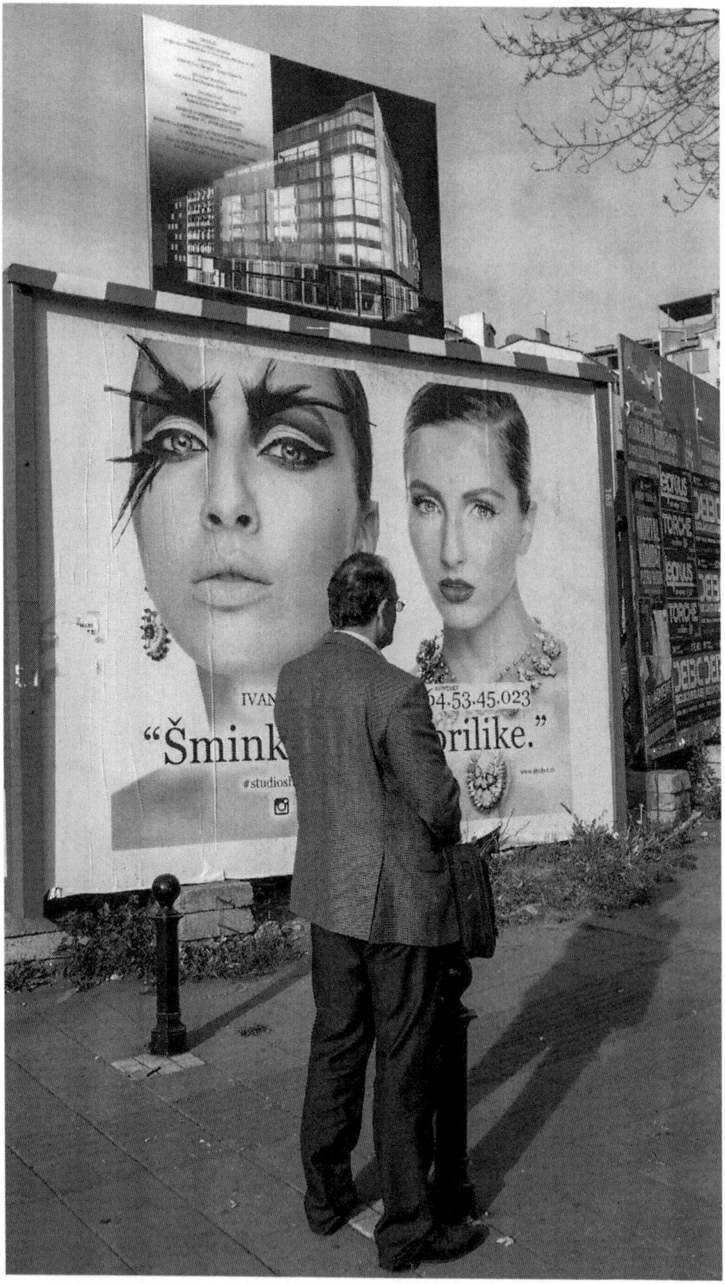
IVAN
64.53.45.023
“Šmink
orilike.”
#studiosh

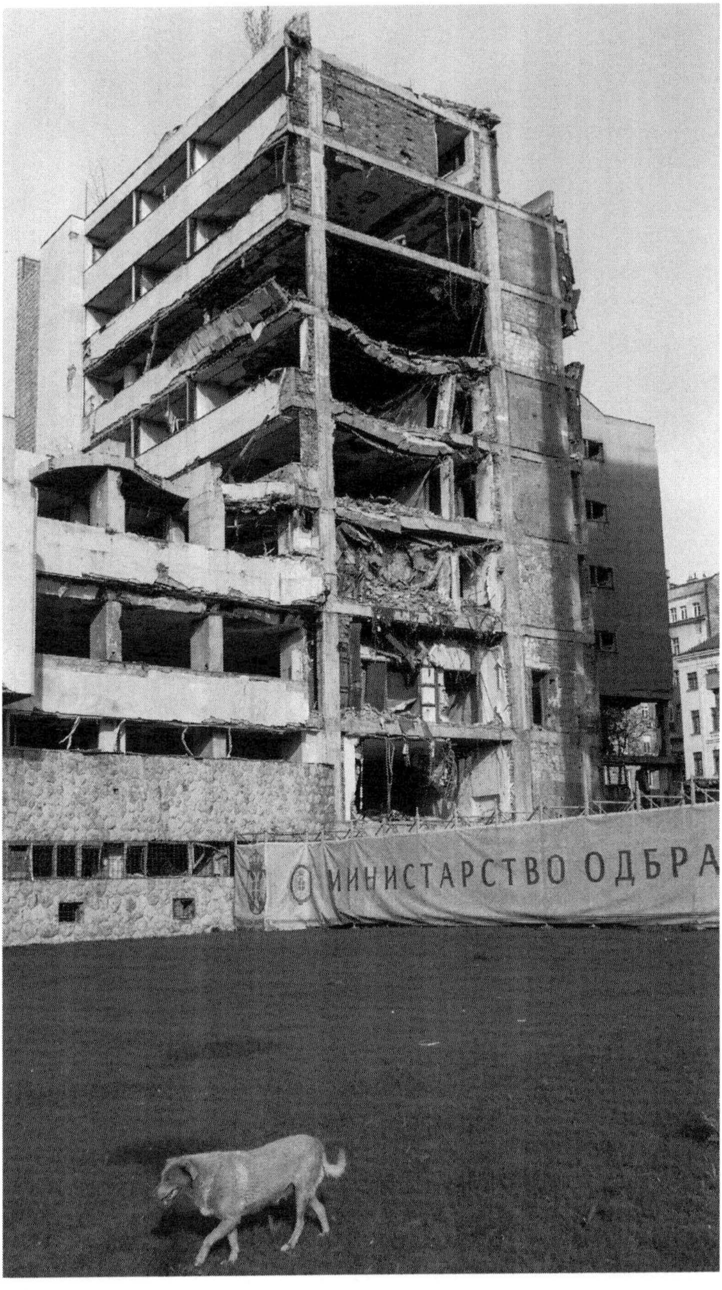
МИНИСТАРСТВО ОДБРА

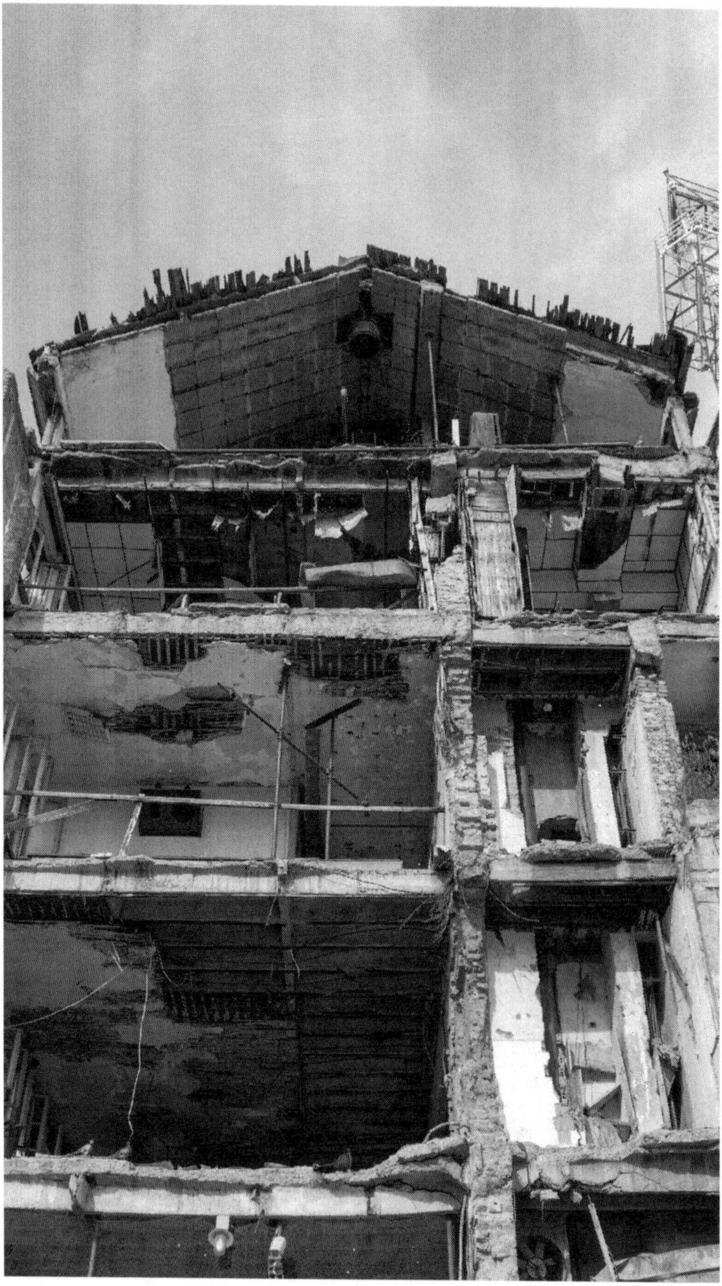

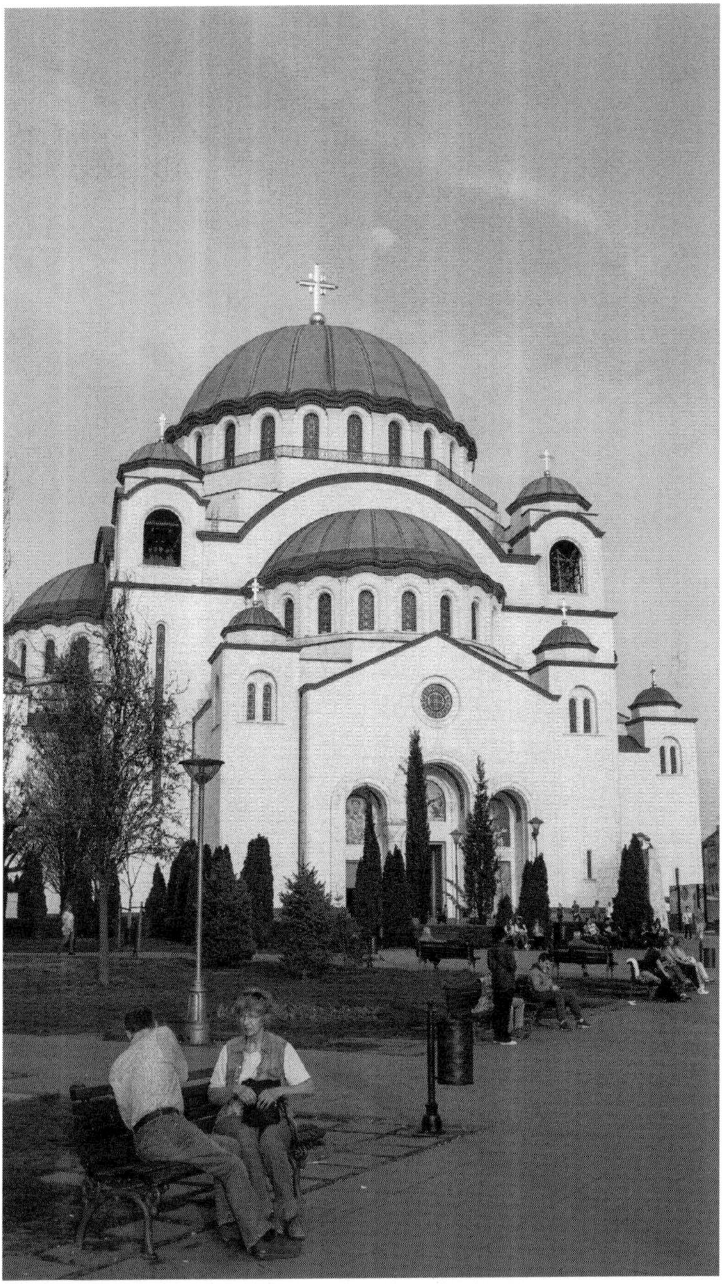

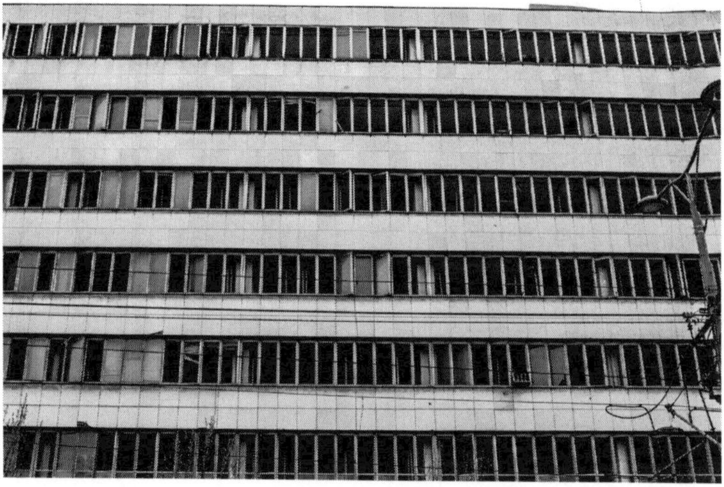

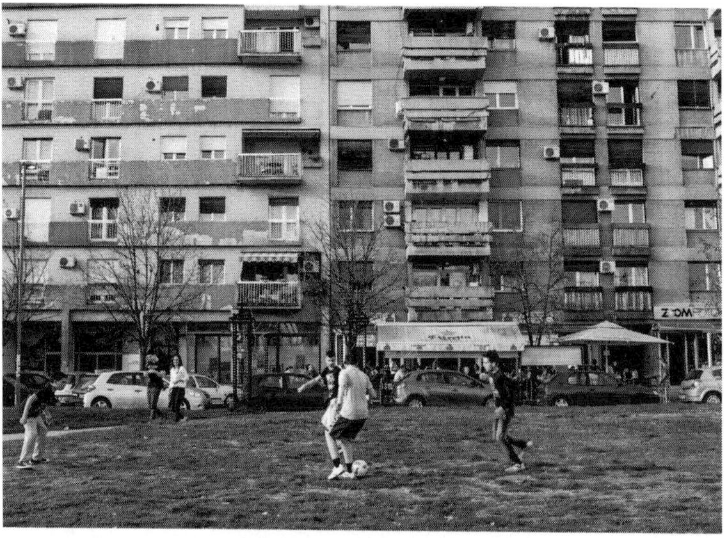

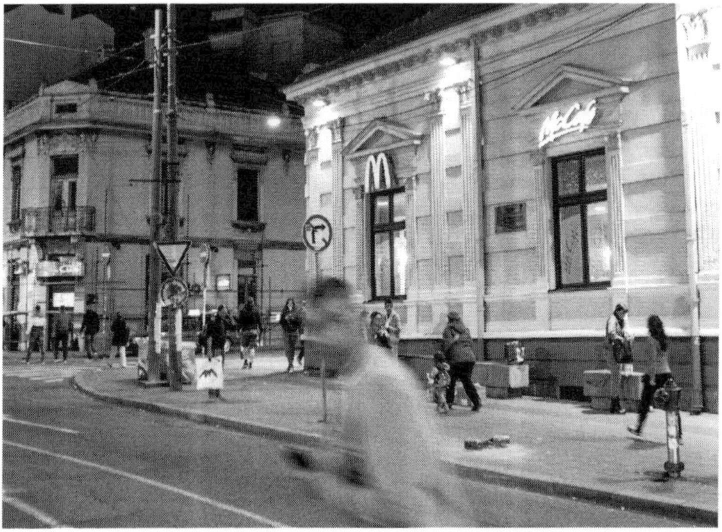
McCafé

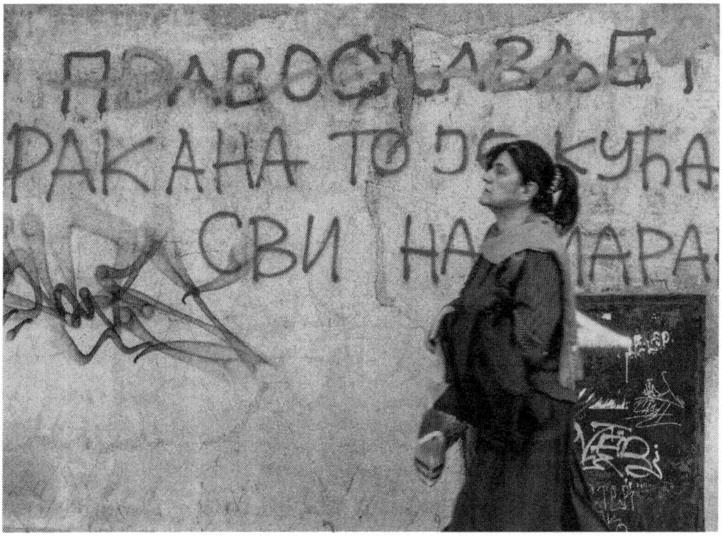
РАКАНА ТО
КУЋА
СВИ

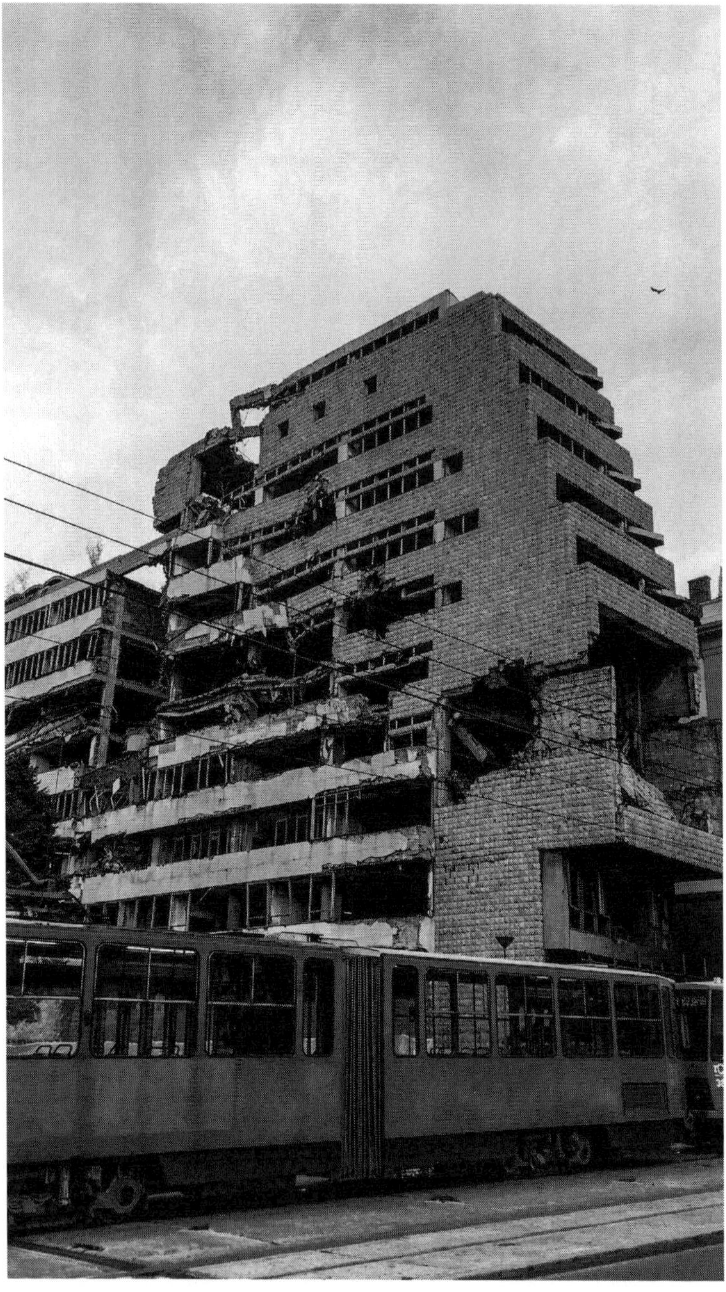

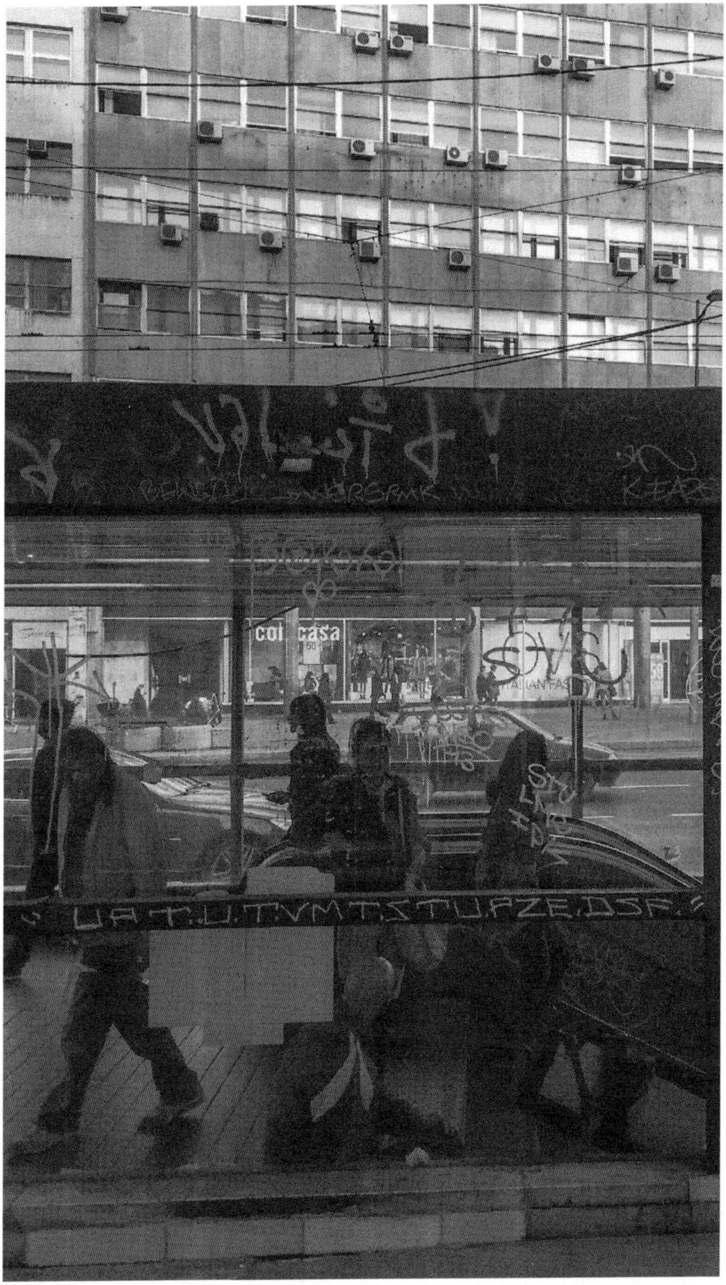
casa

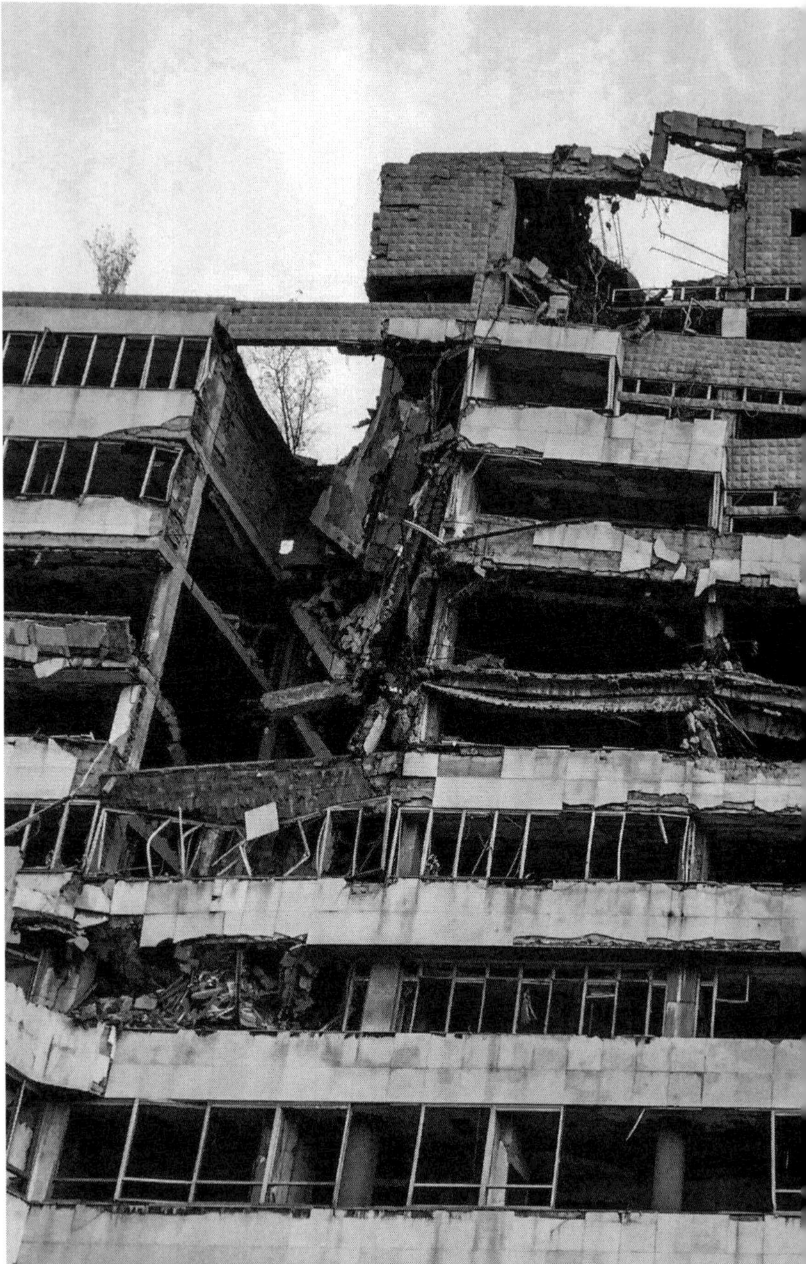

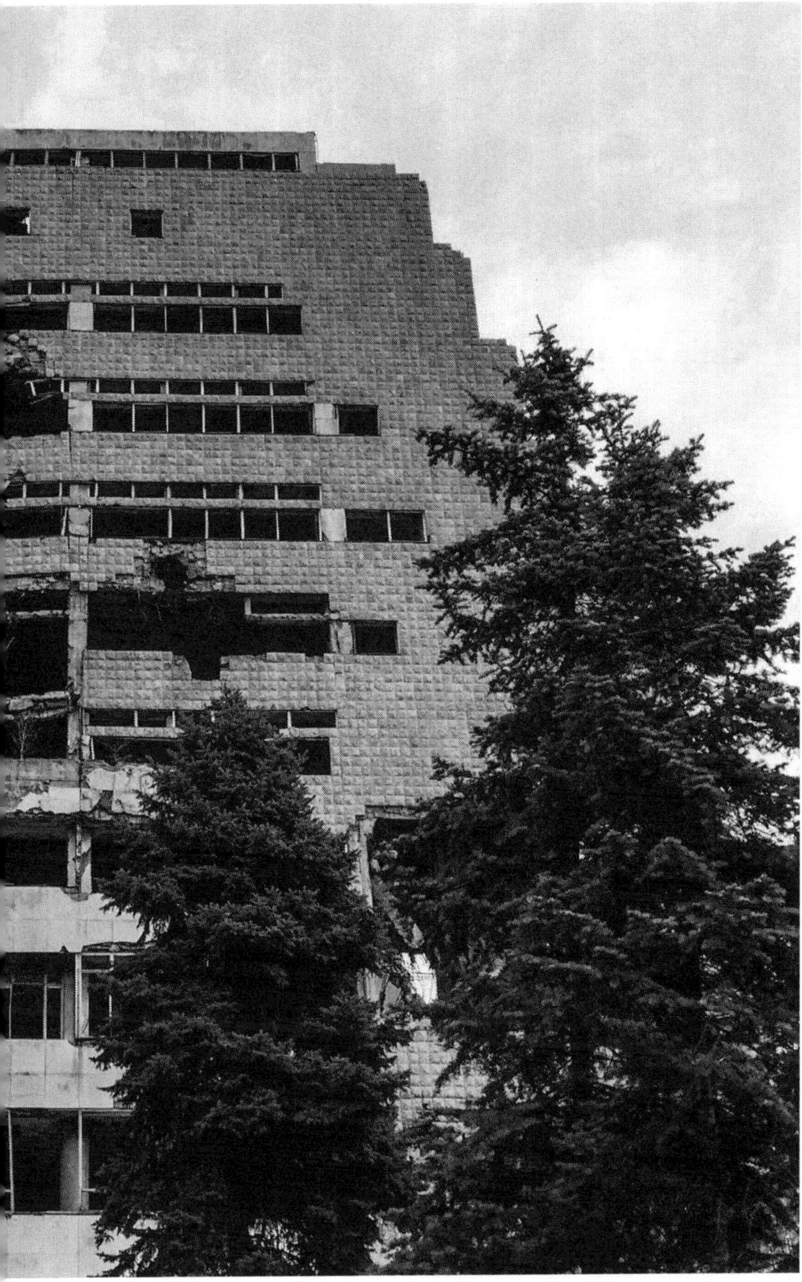

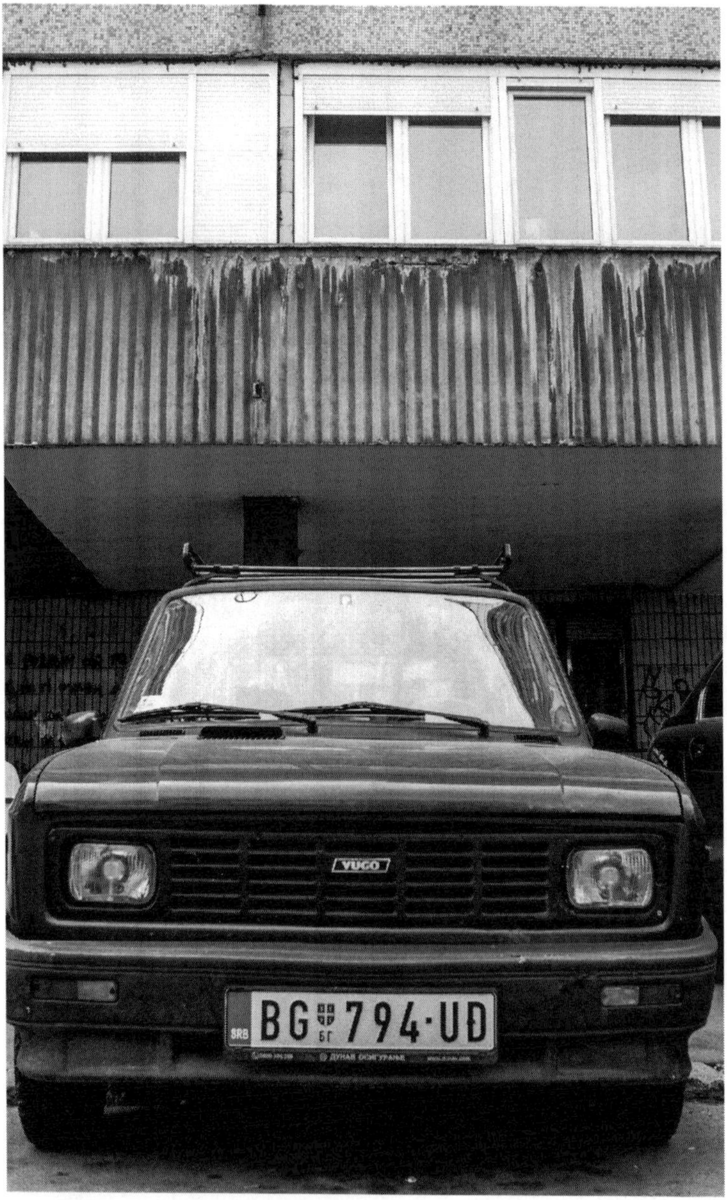
YUGO
SRB
BG 794·UD
БГ

25 de março
Novi Beograd e Marakana

Durante minha primeira visita a Belgrado, acabei não passando pela parte nova da cidade, Novi Beograd. Desta vez, desci até a estação de ônibus e peguei o bonde para lá. Cruzei a ponte que divide os lados e andei mais um ou dois pontos. O bairro é um exemplo claro da arquitetura comunista. Blocos a perder de vista, esparramados por avenidas gigantescas. O início de sua construção se deu em 1948, logo após o fim da Segunda Guerra. Ao longo da segunda metade do século 20, foi crescendo. Os principais arquitetos envolvidos no projeto foram Uros Martinovic, Milutin Glavicki, Milosav Mitic, Dusan Milenkovic e Leonid Lenarcic. Olhando de perto, tem muitas semelhanças com Brasília.

Os prédios não eram exatamente iguais, mas seguiam o modelo retangular, compridos e baixos, até cinco, seis andares, ou finos e altos, chegando a quinze pavimentos, pelo menos. A maioria tem diversas pichações no térreo, quadra de esportes e carros à sua volta.

Conversando com um fotógrafo local, que mencionarei mais a frente, soube que Novi Beograd tem espécies de guetos. Se surgir um novo grupo de *hip hop* sérvio, tenha certeza de que virá dali. A cultura de rua é muito presente.

Andei e andei pelo bairro. Fotografei os grafites e alguns yugos estacionados pelo caminho. Criado na década de 70 e inspirado no Fiat 127 o yugo foi considerado o pior carro do mundo, mas ainda assim marcou história. Entrou para galeria dos famosos carros comunistas europeus, ao lado do Trabant da Alemanha Oriental, do Lada russo e do Dacia romeno.

Jogo

No dia anterior, andando por Belgrado, me deparei a cada 50 metros com um cartaz de rua que continha os escudos do Estrela Vermelha (*Cvrena Zvezda*, em sérvio) e do Spartak Moscou. Sem entender muito bem que jogo seria aquele, já que os dois times estão fora de competições europeias, fiquei ainda mais surpreso quando, momentos depois, vi um novo anúncio com a data do jogo: 25 de março, 18 horas, Estádio Marakana.

Fui pesquisar e descobri se tratar de um amistoso entre o mais conhecido time sérvio e seu "primo" russo. No site, o Estrela Vermelha exaltava a partida:

> *Delije* e *Fratrija* tradicionalmente cultivaram excelentes relações. Os povos sérvio e russo, durante séculos aliados, amigos e sempre prontos para o que o outro precisasse. O jogo de amanhã será mais uma demonstração de uma sólida, estável e sincera relação entre as duas nações e os dois clubes fãs.

E realmente foi assim ao longo da história, com exceção ao período em que Tito rompeu com Stálin, logo após a Segunda Guerra. O relacionamento foi retomado logo que Kruschev substituiu o ex-líder soviético.

Até hoje é assim. A Rússia, por exemplo, não reconhece a independência de Kosovo, região separatista da Sérvia que se declarou independente em 2008. O país de Putin também se manifesta contra a expansão da OTAN na região. De uns tempos para cá, a Rússia passou a desconfiar que a OTAN, na realidade, busca um enfraquecimento do país na região em que desempenhava um papel de protagonismo e liderança. Isso fica claro quando voltamos aos discursos de Bill Clinton e Al Gore, que na década de 1990 afirmaram que a "questão não era se a OTAN seria expandida, mas *quando* e *como* seria expandida" (Clinton) e que "a segurança dos Estados que se encontram entre a Europa Ocidental e a Rússia afeta a segurança da América" (Gore).

Deixando a geopolítica de lado, voltemos ao futebol. O estádio, apelidado de Marakana em homenagem ao Maracanã, ficava a poucas estações da Praça Slavia. Da rua vê-se o campo, sempre gostei de estádios assim, onde é preciso descer, não subir. Sem ingresso, fui até a entrada perguntar onde comprá-los. Ninguém falava inglês. Mas "ticket" é "ticket" em qualquer lugar, e o guardinha entendeu. Ele e um senhor que estava atrás de mim.

"Ticket? Cetiri stotine", disse para mim, com o ingresso na mão.

Como eu não entendo nem dois porcento de sérvio, só olhei para o guarda, como quem diz: "E aí, dá para confiar?".

Ele fez que sim, pegou o ingresso e puxou uma nota de 200 dinares da carteira. Em seguida, sinalizou dois com os dedos.

Entendi e puxei 400 do bolso, cerca de oito reais. Em vinte segundos estava dentro do estádio. E depois de uns 20 anos, revivi as (muitas) experiências que tive no Maracanã (oficial), nos anos 90 e início dos anos 2000. Sinalizador, bomba, torcida cantando o jogo todo e bandeirão. Um incrível número de bandeiras sérvio-russas, distribuídas para o público.

Foi bom perceber que é, sim, possível fazer um espetáculo sem precisar se sujeitar aos moldes da Fifa. Perceber que o padrão Fifa, que ajudou a quebrar o Maracanã, no Rio, não chegou ao leste europeu. E que a paixão pelo futebol nem sempre se faz com orçamentos milionários. Pelo menos em Belgrado, o futebol ainda respira.

Já ia me esquecendo: Estrela Vermelha 2 x 1 Spartak Moscou. De virada.

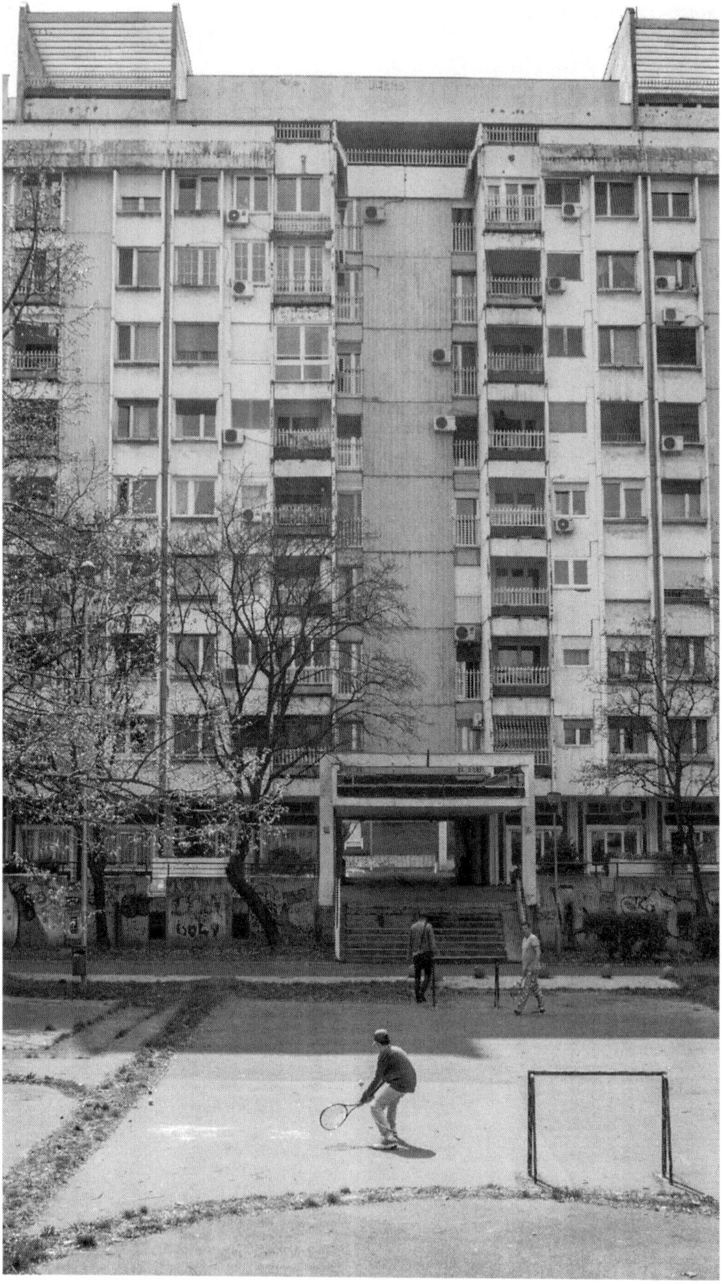

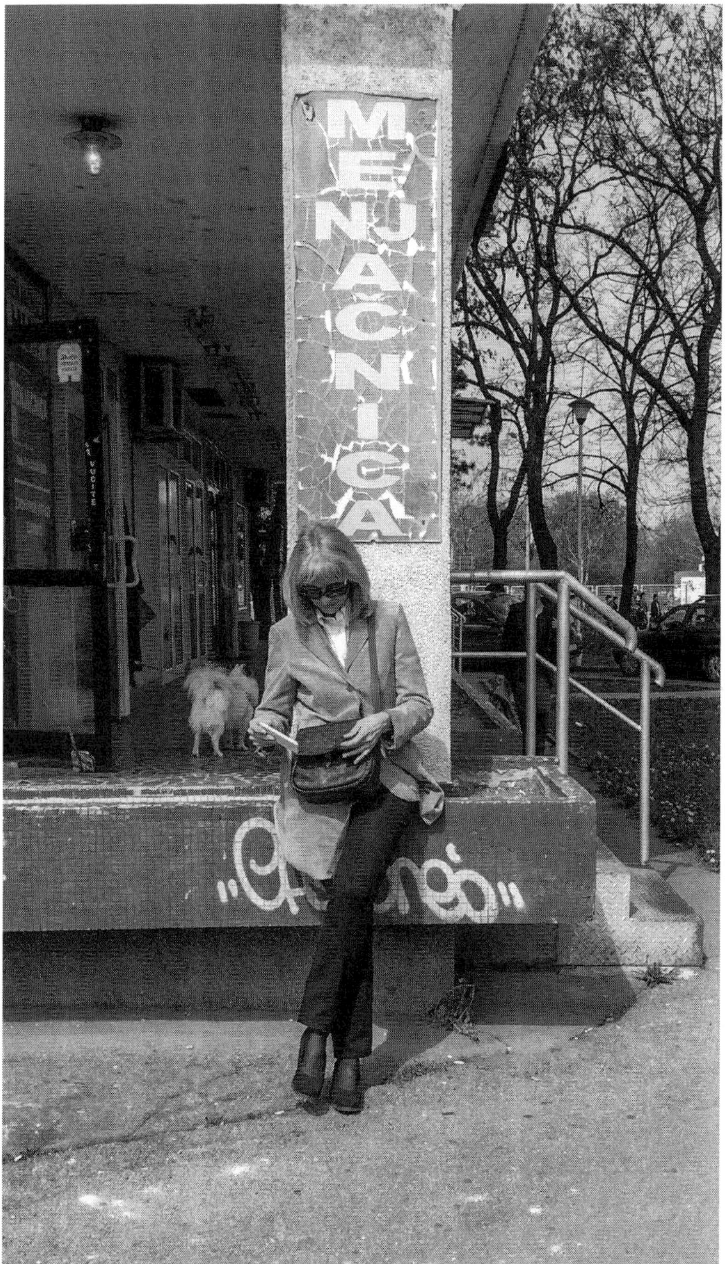
MENJAČNICA

TOIT ET MOI...
LEGENDA DŽEZ MUZIKE DOLAZI U BEOGRAD!
CHICK COREA ELEKTRIC BAND
KOMBANK Arena 1. JUL 2017.
MARTOVSKI FESTIVAL
30. mart - 2. april 2017. Dom omladine Beograda

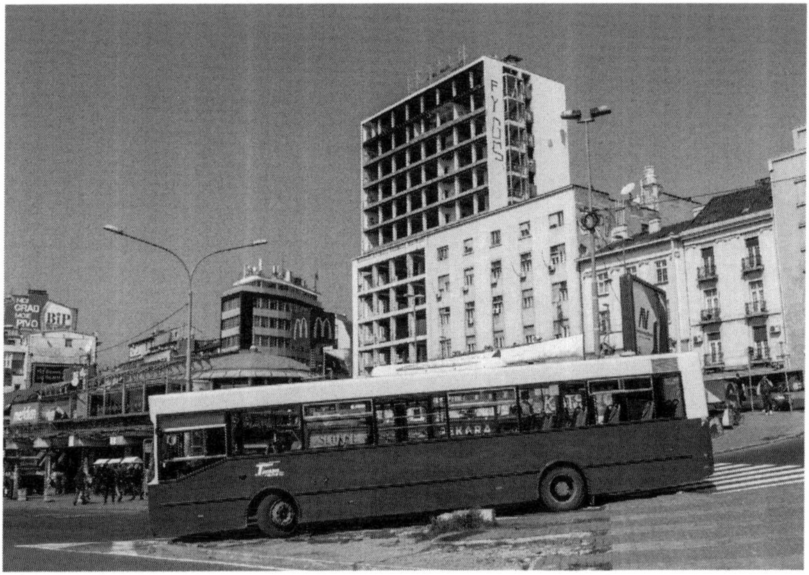

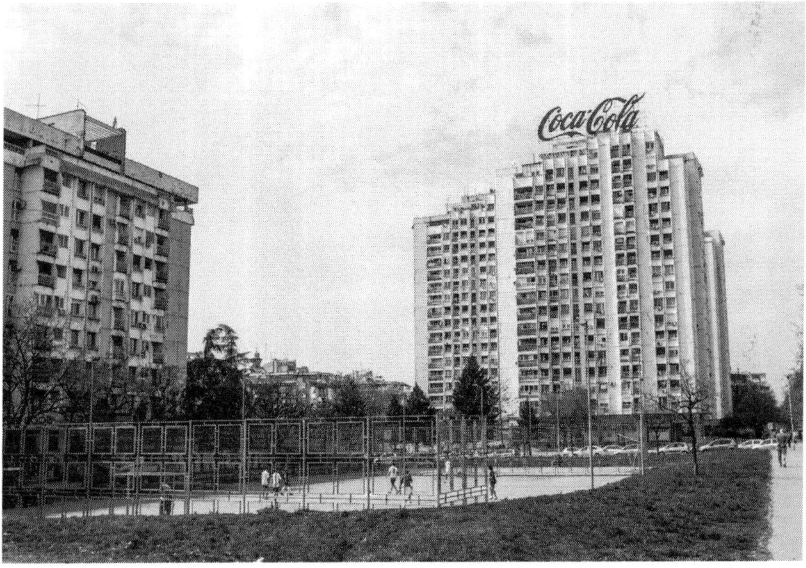
Coca-Cola

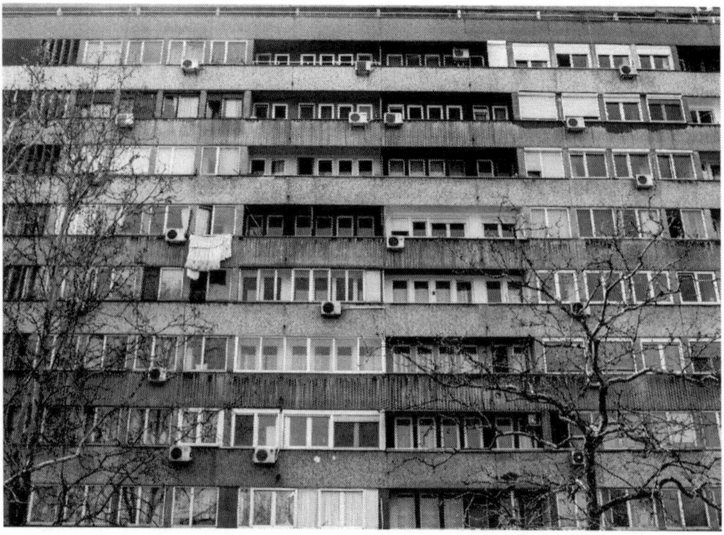

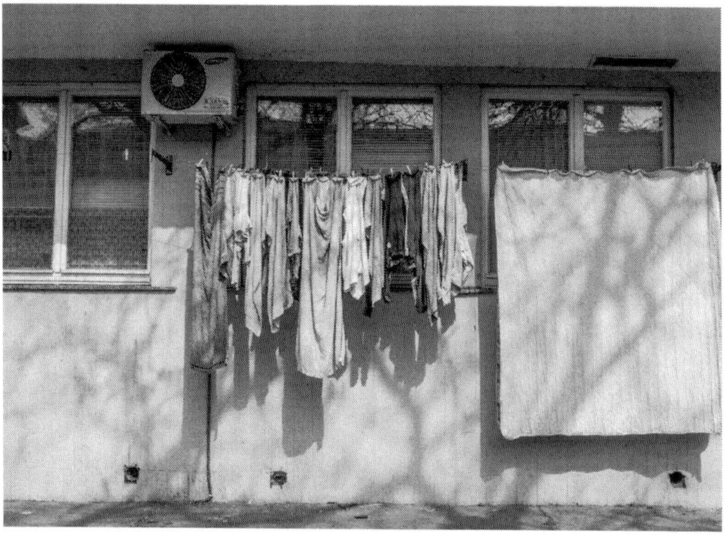

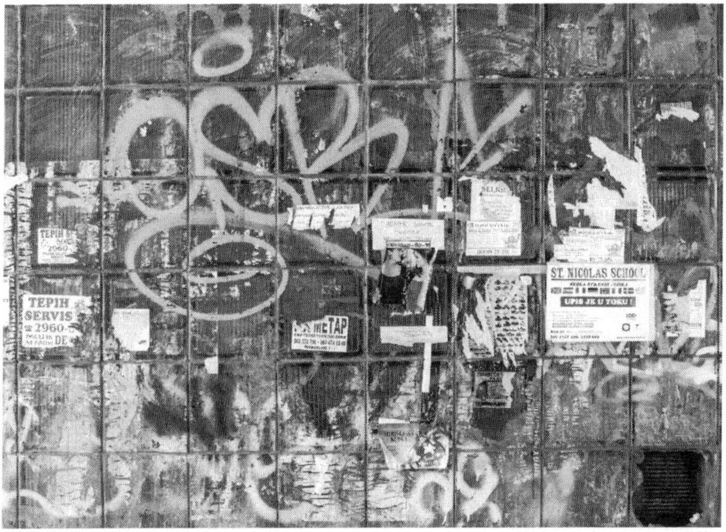
TEPIH
SERVIS
2960
ST. NICOLAS SCHOOL
UPIS JE U TOKU

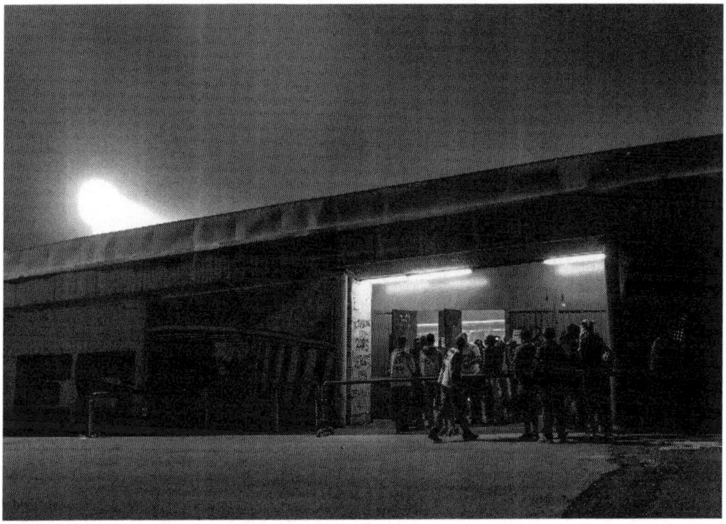

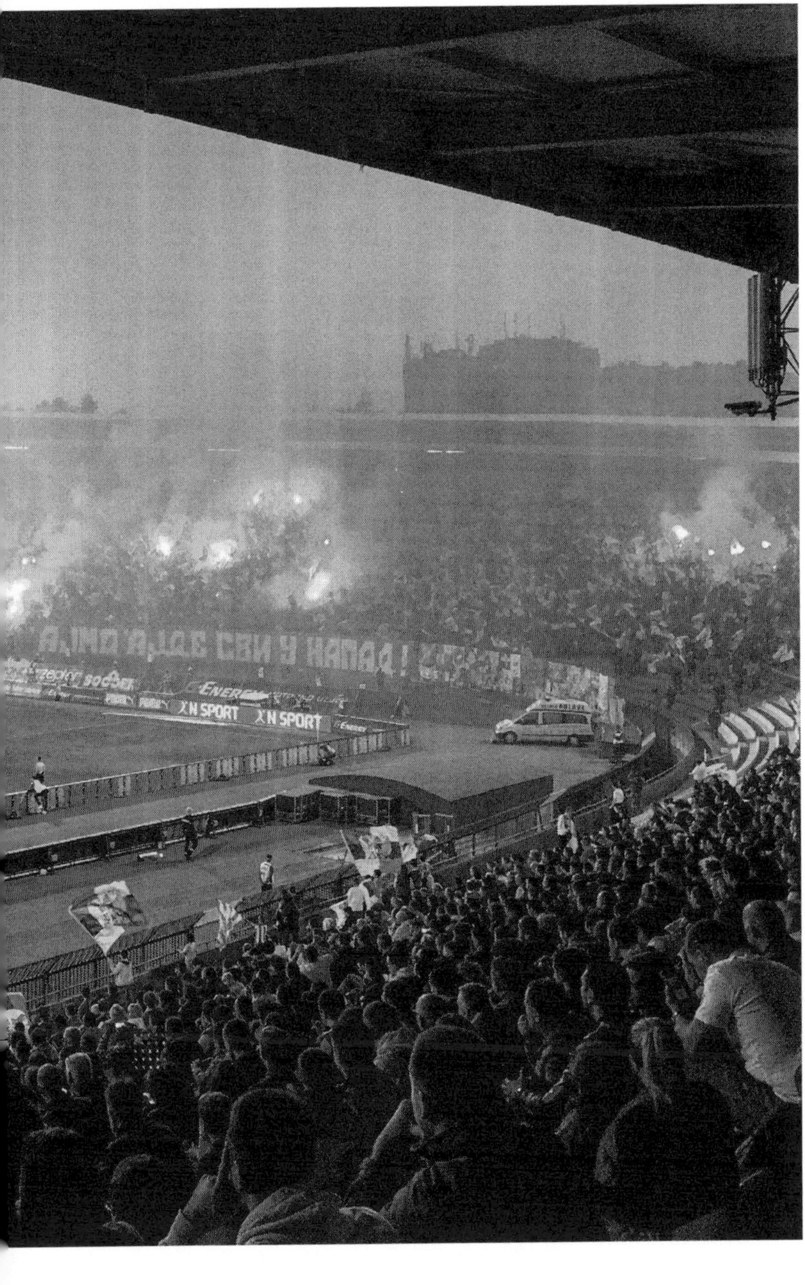
N SPORT
N SPORT

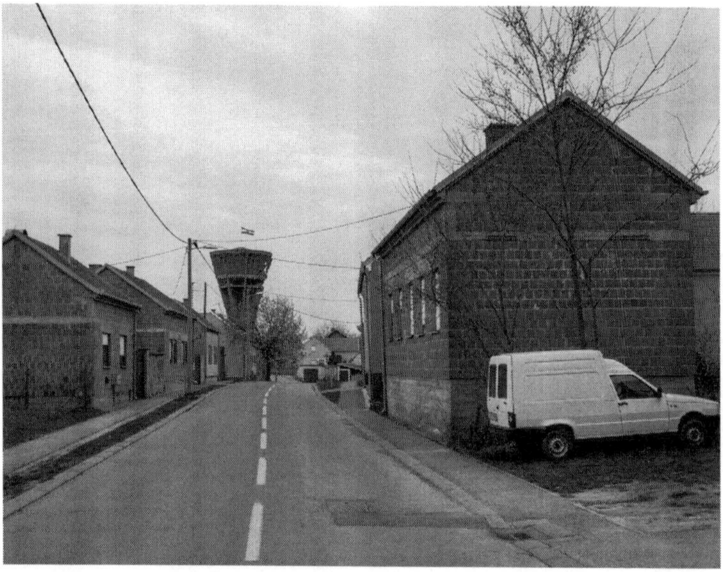

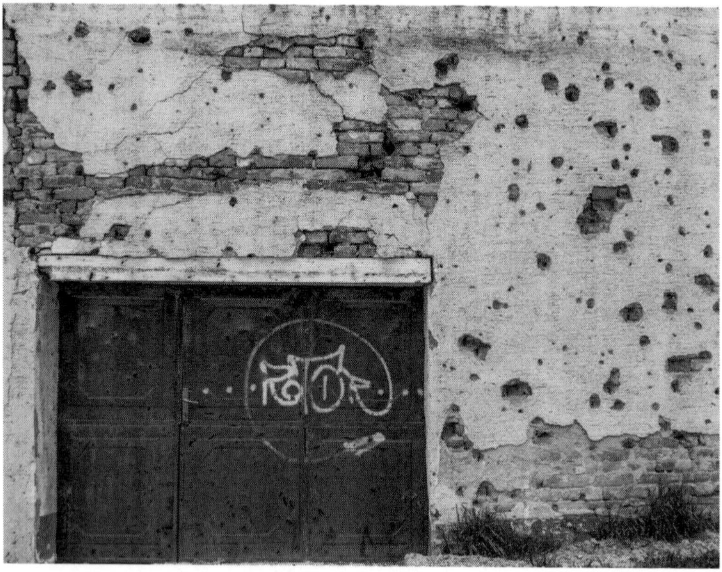

26 de março
Vukovar

Por volta das 11 da manhã, decidi pegar o ônibus para Vukovar. Na fronteira da Sérvia com a Croácia, Vukovar foi palco de uma das piores batalhas das guerras de separação da Iugoslávia. Cercada por três meses, a cidade foi tomada pelos sérvios no fim de 1991. Em agosto daquele ano, quando o conflito estava intenso, dos cerca de 50 mil habitantes (dos quais 44% eram croatas e 37% sérvios) de Vukovar, apenas 15 mil continuaram na cidade. Na ocasião, a guerra não declarada fez com que boa parte da população masculina deixasse o país, para evitar ter de lutar no front. Em novembro de 1991, o Exército Nacional Iugoslavo (JNA) finalmente tomou a cidade. Mais de 1.850 pessoas foram atendidas no hospital da cidade, durante os cerca de três meses de cerco. Quase todos civis.

> Assim que Vukovar caiu, a Croácia perdeu a guerra. Nós poderíamos ter marchado até Zagreb sem nenhum problemas. Mas o presidente Milosevic disse que parássemos. Eu apenas obedeci.
>
> Zivota Panic, general do JNA.

Logo após a queda da cidade, o então presidente croata, Franjo Tujdman declarou que a guerra não estava perdida. No fim de 1991, ele obteve sua independência, mas perdeu parte do território. Foi somente em 1998 que Vukovar foi devolvida aos croatas.

Estrada

O ônibus segue pela Sérvia até Sid, na fronteira. Na estação da pequena cidade, vejo diversos refugiados, principalmente da Síria e Afeganistão. Mais uma hora de viagem e, finalmente, chega-se a Vukovar. Era um domingo chuvoso. Saindo da estação, comecei a olhar para cima à procura da famosa caixa d'água, símbolo da resistência da cidade. Bombardeada durante a guerra, ela se mantém de pé até hoje, ostentando uma bandeira croata. Não era possível vê-la da estação. Segui em sua direção e, pelo caminho, a cada três casas, uma tinha marcas de tiro. As perfurações faziam parte da "decoração" da cidade. Logo após cruzar a fronteira, já era possível ver algumas moradias assim, mas lá, a impressão é de que a cidade havia saído da guerra há menos de um ano.

Subi um pequeno morro e acabei localizando a torre com o reservatório de água. Perfurada e com marcas das bombas, não me impressionou tanto quanto a casa que fica abaixo dela, completamente marcada por tiros, um exemplo de resistência ainda maior.

Vukovar é uma cidade vazia, calada. Não havia ninguém nas ruas. Andei de volta para a estação sem cruzar com ninguém. Durante a viagem, dormi no ônibus até Belgrado. Pela primeira vez, eu havia sentido o conflito mais de perto. Passados cerca de 20 anos, ainda é possível perceber o peso da guerra no ar, denso. O dia chuvoso carregou ainda mais o ambiente.

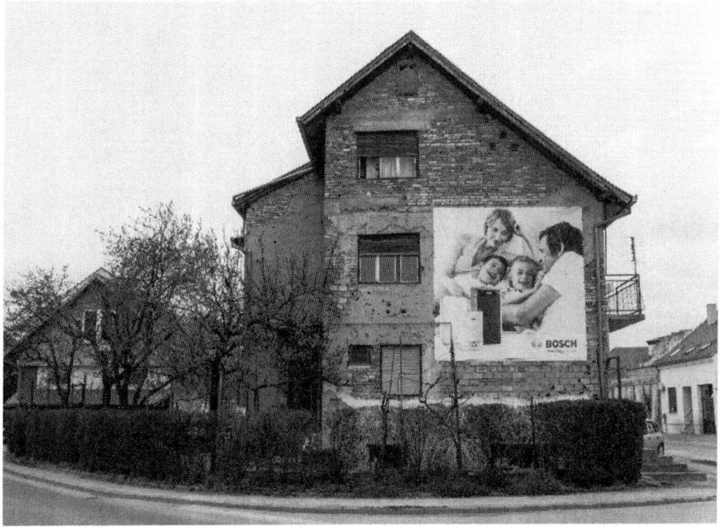
BOSCH

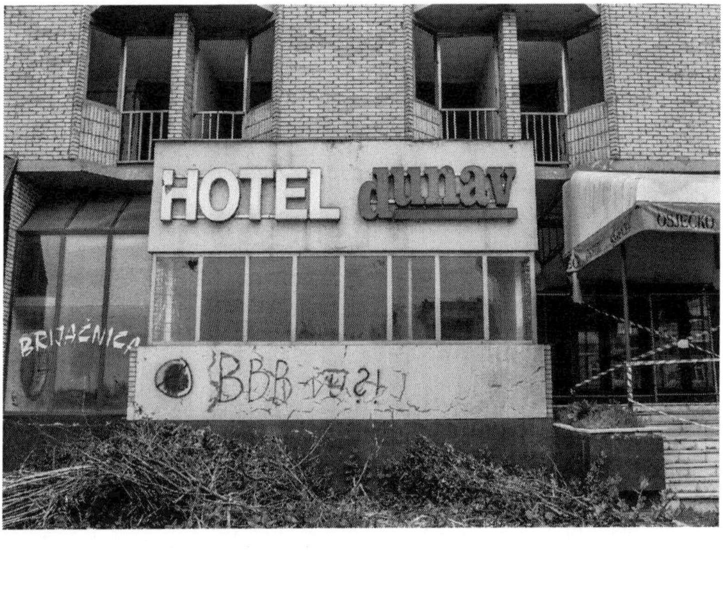
HOTEL dunav
BRIJAĆNICA
BBB

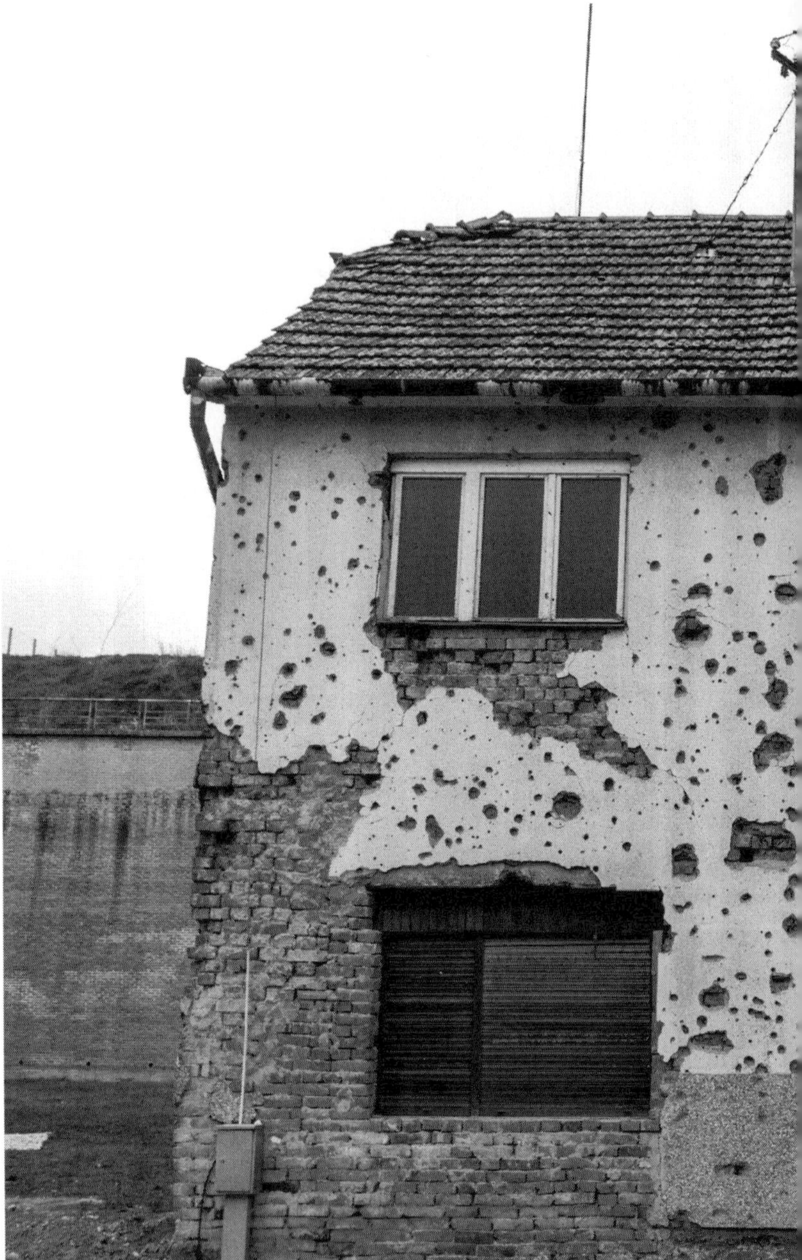

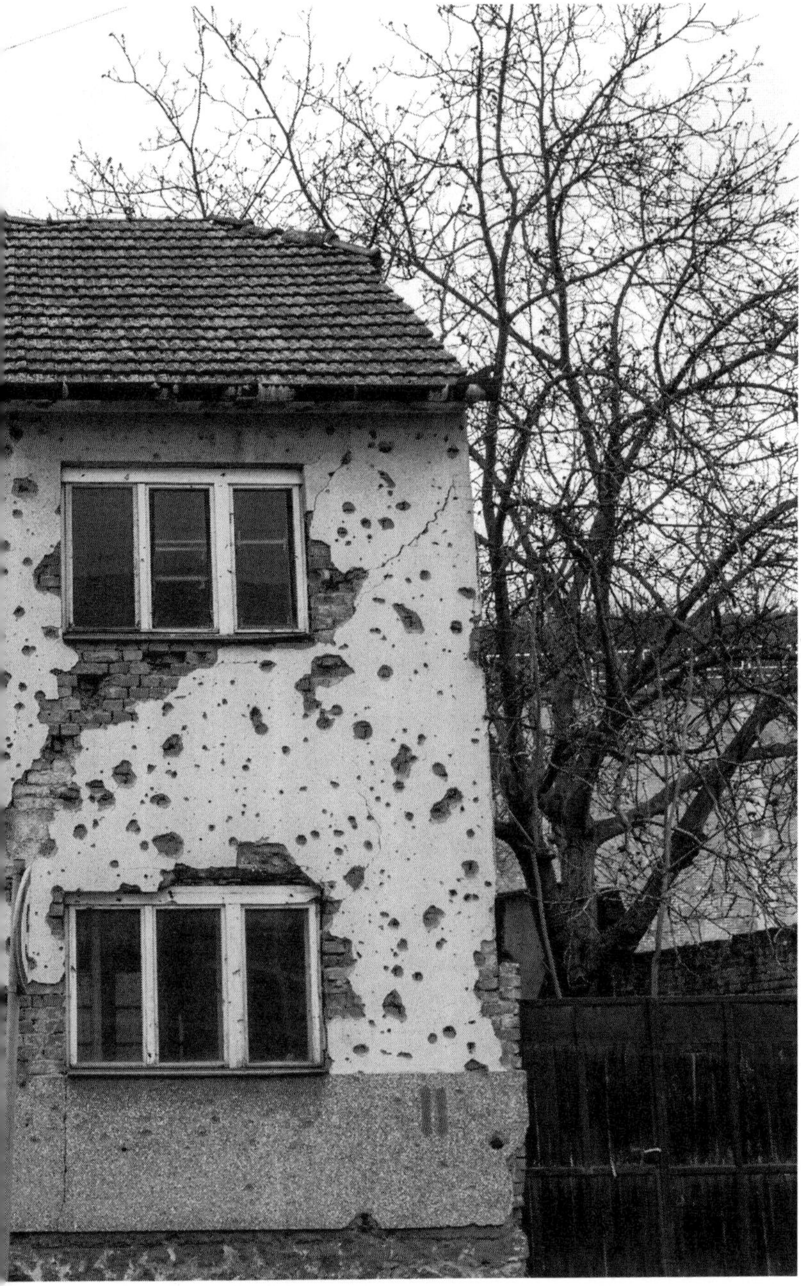

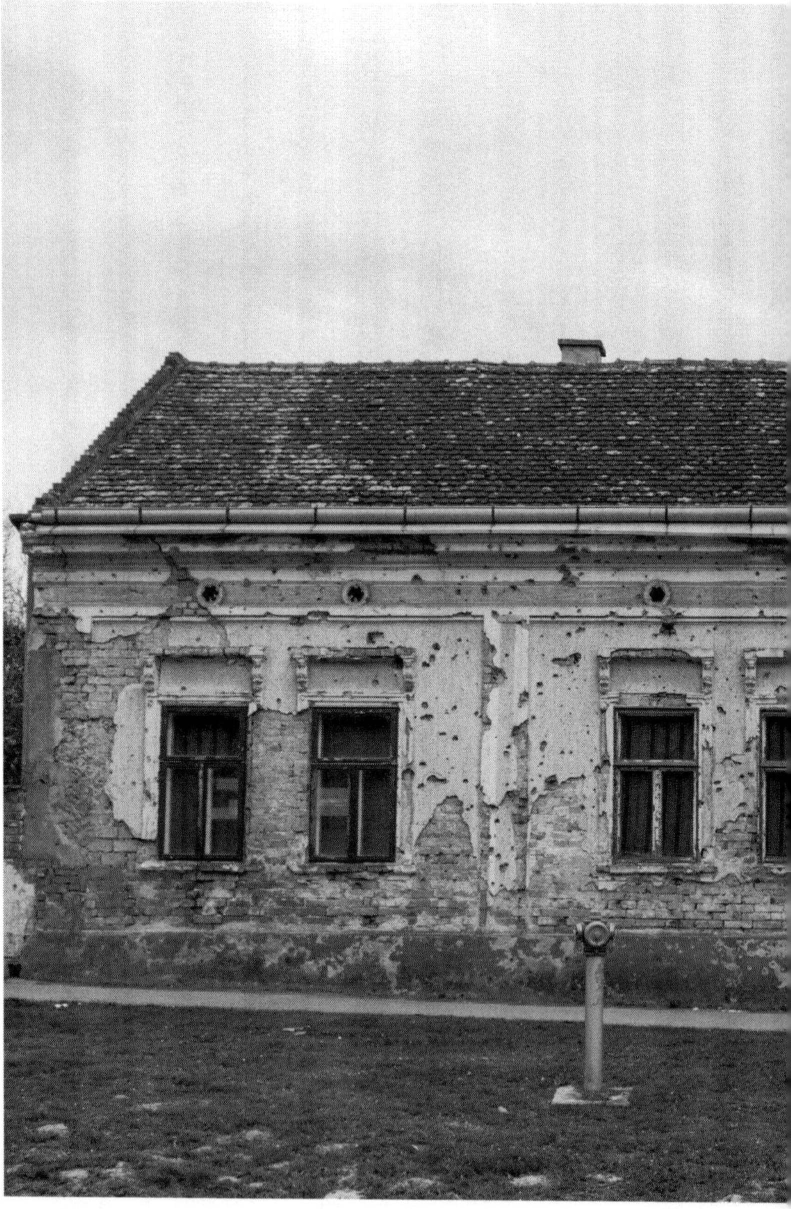

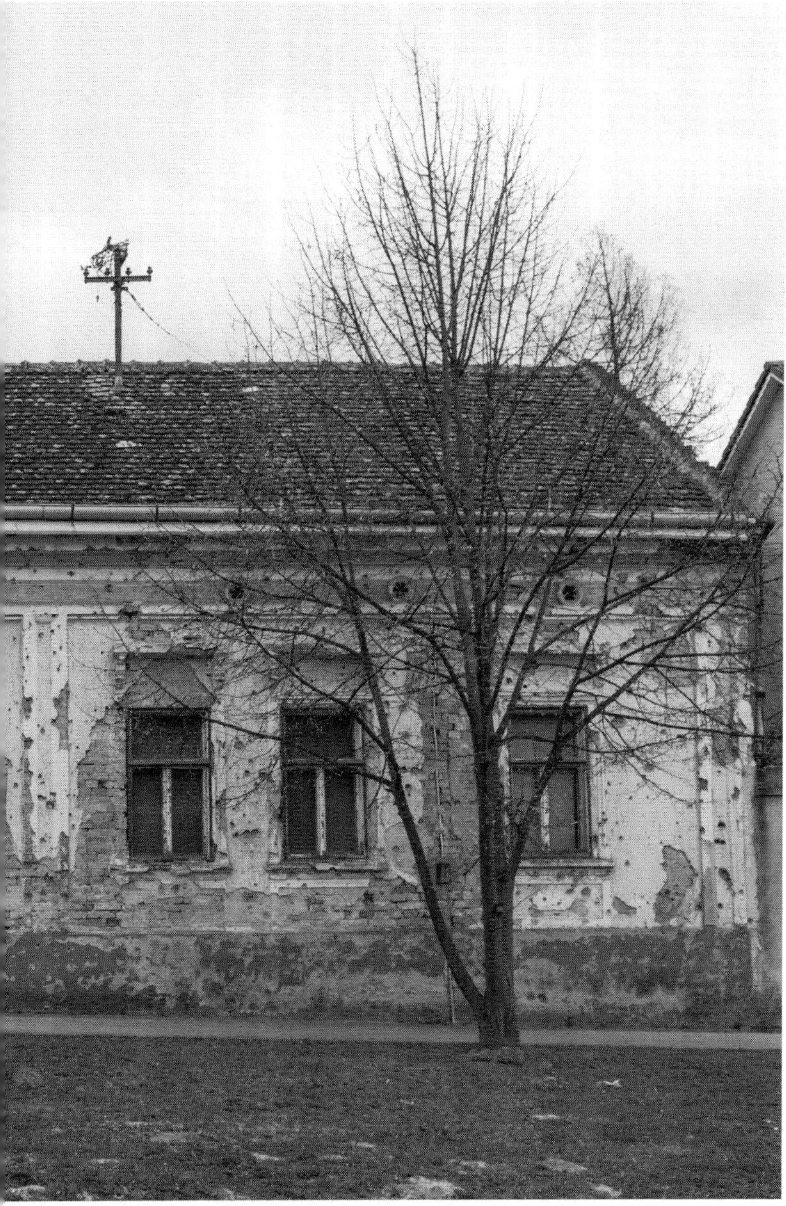

Др ВОЈИСЛАВ ШЕШЕЉ
НАЈБОЉЕГ
ЗА
ПРЕДСЕДНИКА!
Âme
REAL TRIBUTE
ORKESTAR
I HOR
BAND
CENTAR

27 de março
Bom dia, camaradas

Uma conversa prevista para durar 40 minutos levou mais de três horas. Entrevistei hoje dois membros do coletivo de fotógrafos Kamerades. Há pelo menos seis anos eles dedicam suas horas a coberturas de histórias pelos Bálcãs. Marko Risovic e Nemanja Pancic fazem parte da primeira geração de crianças iugoslavas que não viveram a época do Marechal Josip Broz Tito, líder do país por mais de 30 anos, morto em 1980. Marko e Nemanja comentaram sobre a primeira coisa que lhes vem à memórias quando lembram do antigo país:

> Quando eu estava no primário, éramos obrigados a andar com um lenço no pescoço. Era o grande evento na Iugoslávia. Mesmo o Tito tendo morrido há sete ou oito anos, ainda tínhamos esses eventos. Tínhamos uma imagem dele em cima do quadro. Nesse dia andávamos com esse uniforme. Cantávamos e tudo mais. Olhando meu álbum, é possível ver que algo deu errado naquele dia, em 1987 ou 1988. Eu estou com o lenço pendurado e segurando-o com a mão. Eu não sabia fazer o laço. Tirando isso, não tenho muitas memórias do país como Iugoslávia.

Nemanja, assim como o amigo, também tem em seu arquivo uma memória ligada ao Marechal:

> Lembro-me que ficava triste por ter nascido após a morte do Tito. Ele morreu em maio de 1980, eu nasci em setembro de 1980. Minha vida era mais fácil. Não era estressante. Depois a guerra começou e mudou tudo. Lembro das

reportagens na TV. É isso. Posso considerar que sinto uma nostalgia da antiga Iugoslávia. De uma forma romântica. Algo assim.

Os dois também falaram sobre o conflito que dividiu o país. "Aqui na Sérvia vivemos pouco o conflito em si. A guerra, de fato, aconteceu na Bósnia e na Croácia. Na Sérvia, não houve guerra, a não ser na TV. Em 1999, o que aconteceu aqui não tem explicação. Foi um bombardeio, mas não houve conflito nas ruas", disse Nemanja.

Marko não tem claro na memória os dias da guerra, diz que era muito novo. E, de fato, como disse Nemanja, os conflitos de 1992 a 1995 não afetaram o território sérvio. Mas ele se lembra bem dos ataques aéreos da Organização do Tratado do Atlântico Norte, em 1999.

"Fomos bombardeados por forças que não sabíamos de onde vinham. Em Kosovo, sim, houve guerra civil, aqui foram ataques aéreos. Estava na escola. Víamos os danos, ouvíamos a sirene. Mas não foi uma situação típica de guerra", comentou Marko.

Após a conversa, voltei até o ponto de ônibus com Marko e fui a pé para o hostel. O dia seguinte seria longo, já que iria encarar quase metade dele na estrada para Sarajevo.

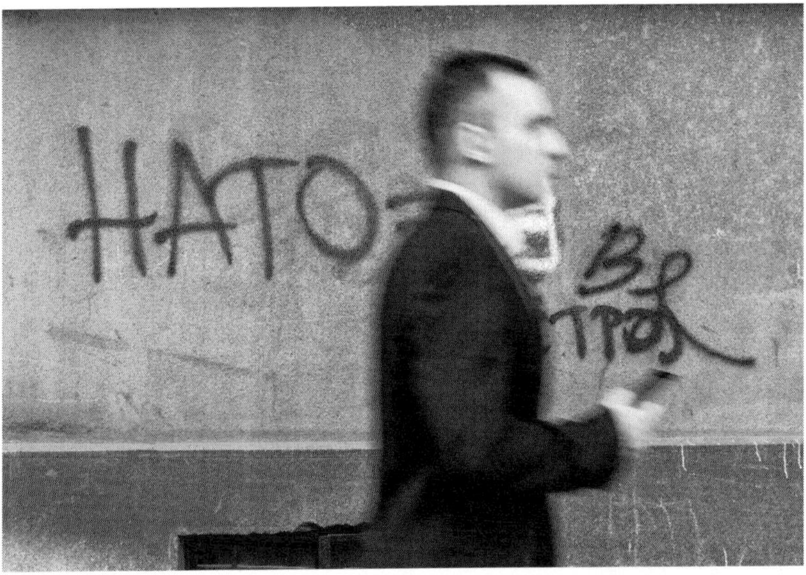
НАТО

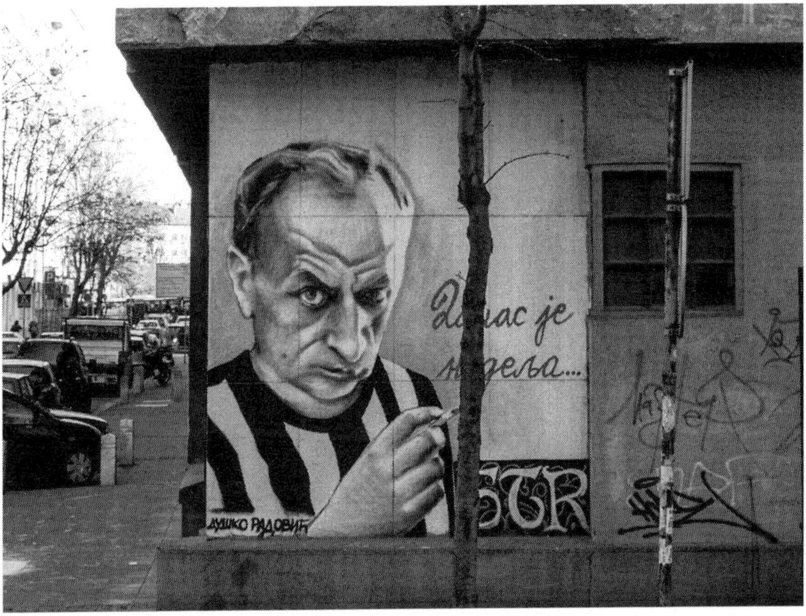
ДУШКО РАДОВИЋ

28 de março
Welcome to Sarajevo

Deixei o hostel logo cedo. Vinte minutos a pé até a estação de ônibus e quase oito horas até Sarajevo, na Bósnia. Pelo caminho, vi o Rio Drina. Li sobre ele, pela primeira vez, há uns 10 anos, nos quadrinhos do jornalista Joe Sacco, que cobriu a Guerra da Bósnia. O rio dava nome ao cigarro que valia mais que dinheiro, durante o conflito e era um dos personagens principais do livro de Ivo Andric, *A ponte sobre o Drina*. Minha primeira impressão foi de encantamento. Tempo bom, sol refletindo na água e a Bósnia na outra margem. Ver o Drina pela janela do ônibus fez com que eu, de fato, me sentisse inserido na Iugoslávia e no projeto.

> Na maior parte do seu curso, o Rio Drina corre por meio de gargantas apertadas, entre serras abruptas ou profundos desfiladeiros de ribeiras escarpadas. Apenas de quando em quando as margens do rio se dilatam em vales abertos formando, de um ou do outro lado, chãs de terra fértil, ora planas, ora onduladas, próprias para o cultivo e povoamento.
>
> Ivo Andric, *A ponte sobre o Drina*.

Lembrei-me de todos os rios que vi na vida: Paraíba do Sul, Douro, Paraibuna. E das aulas de história, onde a professora Cáritas, na quinta série, explicava a importância do rio Nilo, no Egito.

Foram mais uns 30 minutos até a fronteira e, após cruzá-la, logo cheguei a Zvornik. Sentia fome, mas não havia nenhuma casa de câmbio. Acabei comendo o resto de um sanduíche que levei do hostel. Tive de fazer com que ele durasse o dia inteiro, além de não poder beber muita água, já que o ônibus não tinha banheiro. Até Sarajevo, ainda paramos em Vlasenica, Milici e outras cidades da Republika Srpska, das quais não lembro o nome. A Republika Srpska é a parte sérvia dentro da Bósnia. Quase oito horas após deixar Belgrado, finalmente vi Sarajevo. A recepção é feita por um mundaréu de casas perfuradas por balas. As avistei de cima, e o fim do dia dava uma luz perfeita à cidade, cercada pelas montanhas que lhe deixavam bonita, mas que também ajudaram sua destruição. Durante a Guerra da Bósnia, de 1992 a 1995, o cerco a Sarajevo deixou mais de 11 mil pessoas mortas, em mais de 1.400 dias. E era daquelas montanhas que rodeavam a cidade que paramilitares sérvios atiravam e lançavam bombas em seus alvos. Desci do ônibus e consegui trocar o equivalente a três euros com o motorista. Para não precisar sair de Belgrado às sete da manhã, peguei o ônibus que me deixava em Istocno Sarajevo, na rodoviária que fazia parte da Republika Srpska, não a principal. Ela ficava muito mais distante do centro. Andei cerca de cinco minutos a pé e logo vi a destruição de perto. Alguns prédios tinham pedaços da varanda pendurados. De perto, mais pareciam uma peneira. Ali a guerra dividiu os dois lados. O bairro ficava a poucos metros do *front*. Não havia nenhuma construção que não estivesse semidestruída. O ônibus que fazia o caminho para o centro também parecia ter vindo da guerra. Ferros expostos por todos os lados, janelas quebradas e um barulho extremamente irritante, parecido com uma buzina, a cada vez que o motorista, um senhor de pelo menos 60 anos com uma boina estilosa, acelerava. Em cerca de 45 minutos estava no hostel. Já era noite e a impressão que tive da cidade foi de um lugar feio, abandonado e sem esperanças. Mas tudo isso até chegar à Ponte Latina. Do outro lado do rio, uma pequena melhora: prédios recuperados e uma sensação bem menor de abandono.

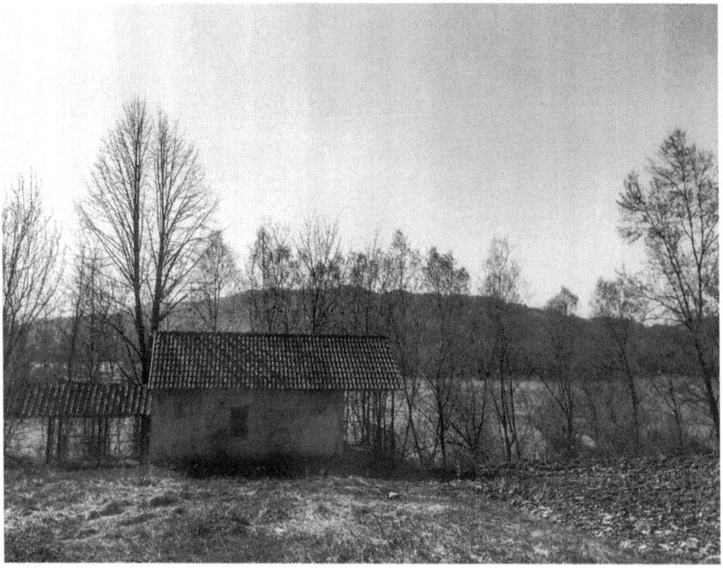

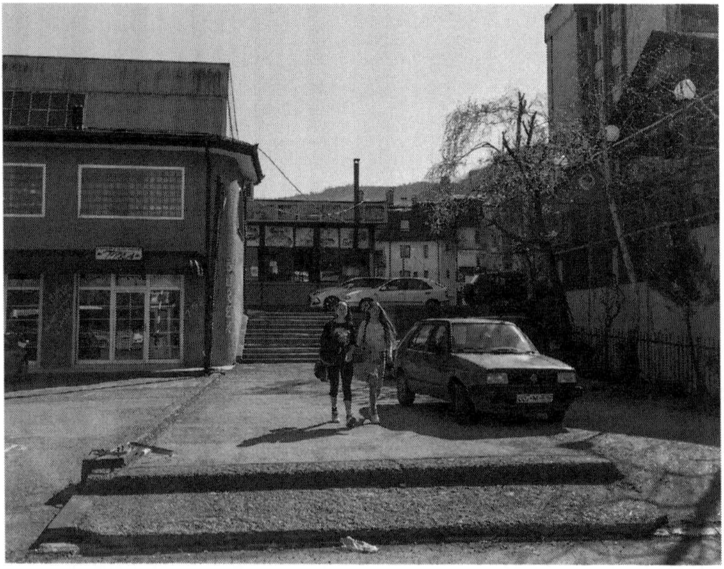

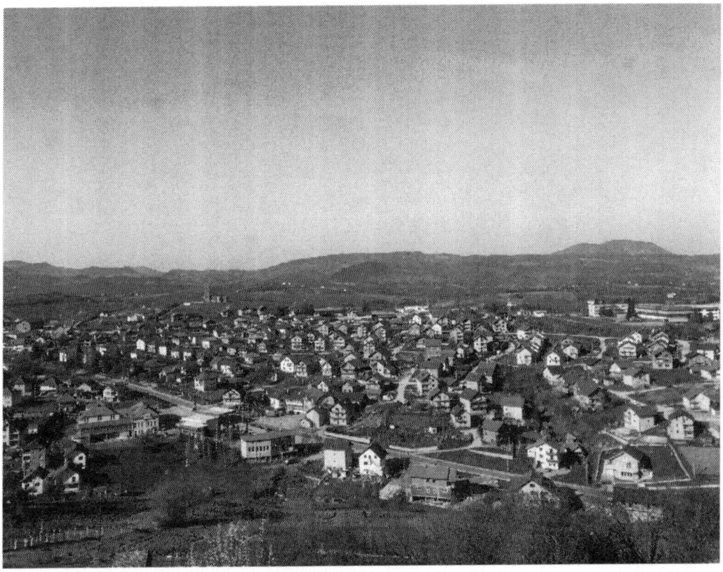

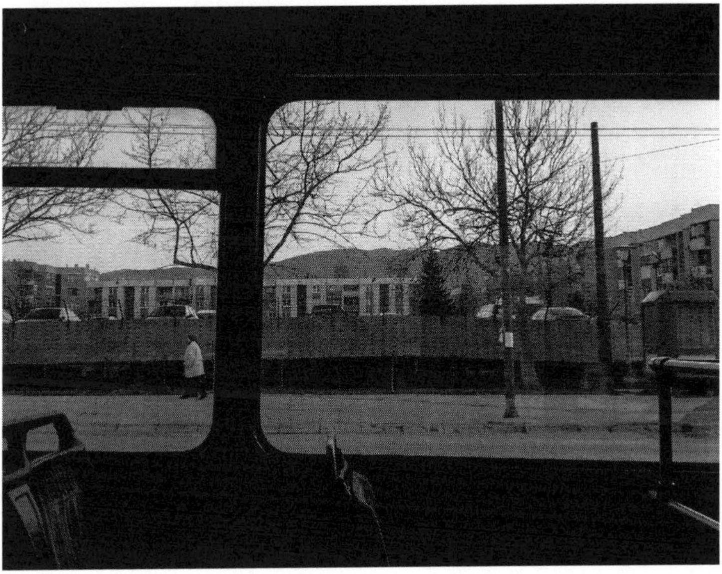

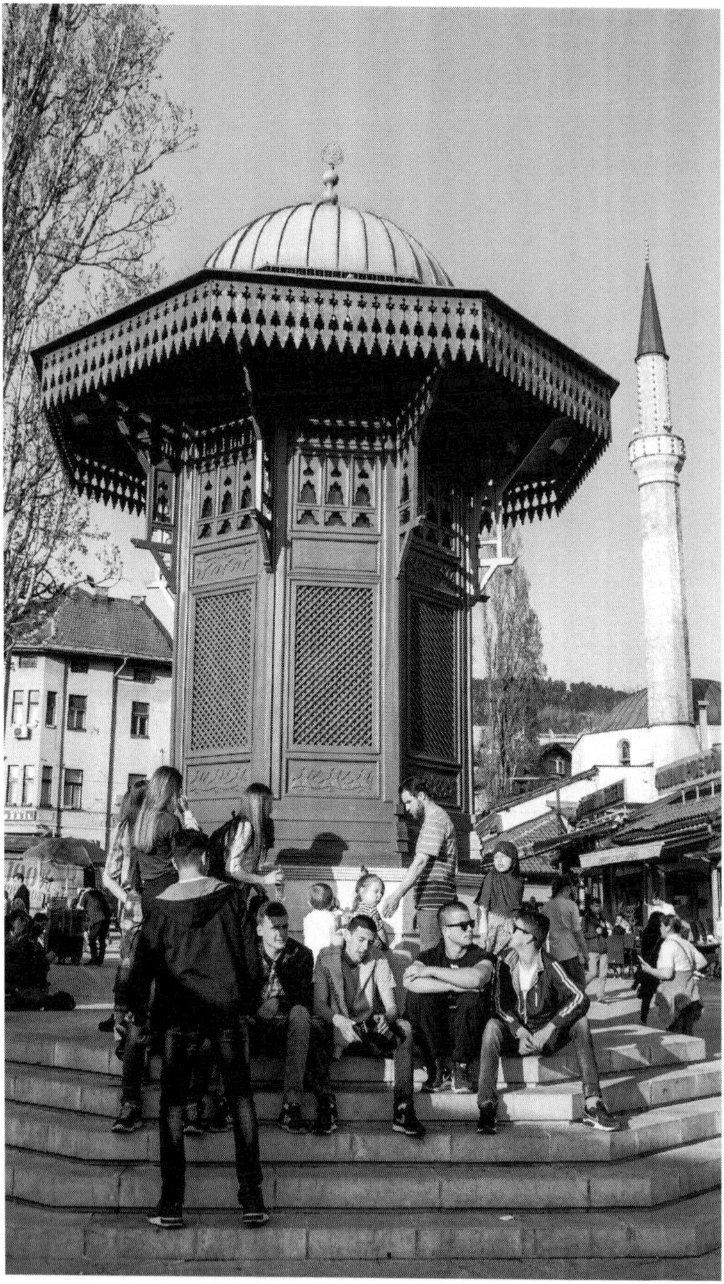

29 de março
Miss Sarajevo

Meu Deus! A coisa está pegando fogo em Sarajevo. Domingo um pequeno grupo de civis armados (segundo a TV) matou um convidado num casamento e feriu um padre. Segunda-feira havia barricadas por toda a parte na cidade. Mil barricadas! Não encontramos pão. Às seis da tarde as pessoas encheram o saco de ficar sem saber e saíram pelas ruas. Passaram na frente da Assembleia. Deram a volta na cidade. Perto do quartel Marechal Tito houve alguns feridos. As pessoas cantavam e gritavam "Bósnia, Bósnia", "Sarajevo, Sarajevo", "Vivemos juntos" e "Saiam". Zdravko Grebo [diretor da estação de rádio] disse no rádio que a história estava sendo escrita. [...] O dia seguinte foi como de costume, mas à noite soubemos que três mil *tchetniks* [nacionalistas sérvios] haviam chegado de Pale [cidade a poucos quilômetros da capital] para atacar Sarajevo.

Zlata Filipovic
O diário de Zlata, a vida de uma menina na guerra

O trecho do livro escrito por Zlata, então com 11 anos, diz respeito ao assassinato de um parente dos noivos que casavam dia primeiro de março de 1992 e do ferimento causado a um padre ortodoxo, por parte dos muçulmanos. A partir daí, barricadas foram erguidas em toda a cidade, separando os sérvios de muçulmanos. Momcilo Krajisnik, sérvio, disse que "aqueles tiros foram uma grande injustiça contra a população sérvia". Os muçulmanos se defenderam dizendo que os convidados do casamento ficaram tremulando bandeiras sérvias pelo bairro de Bascarsija, onde fica o antigo bazar turco. Depois do referendo pela independência bósnia, esse era o motivo extraoficial que a cidade precisava para a eclosão da guerra. Mas as ameaças já haviam começado meses atrás. Em outubro de 1991, durante um discurso no parlamento, o líder sérvio-bósnio Radovan Karadzic enviou uma forte mensagem aos muçulmanos da república:

> Vocês estão levando a Bósnia-Herzegovina para a mesma estrada de inferno e sofrimento que Eslovênia e Croácia estão percorrendo. [...] Não pensem que vocês não vão fazer a população muçulmana desaparecer, porque os muçulmanos não podem se defender se acontecer uma guerra. Como vocês vão evitar que alguém seja morto na Bósnia?

O líder muçulmano Alija Izetbegovic disse que, naquela época, sentiu que as "portas do inferno haviam se aberto".

"Essas palavras ilustram bem por que os outros povos [não sérvios] quiseram deixar a Iugoslávia", afirmou Izetbegovic.

Apesar de a Bósnia ter um exército até mais numeroso que os paramilitares sérvios, eles não tinham equipamento suficiente. E o que se viu dali para a frente foi o início do maior conflito em território europeu desde a Segunda Guerra.

Primeiro dia em Sarajevo

Fui logo de manhã ao Markale, mercado de rua bombardeado em 5 de fevereiro 1994. No massacre, 68 pessoas morreram e mais de 140 ficaram feridas. Em agosto de 1995, outro ataque.

Dessa vez, 43 mortos e 75 feridos. Hoje, o local passa despercebido para quem não é da cidade. No chão, uma "Rosa de Sarajevo". Um grupo decidiu pintar as marcas de balas ou de bombas que mataram mais de três pessoas na cidade. Andando pela capital bósnia, há diversas "rosas" espalhadas, em homenagem às vítimas.

"Gore, snajper!"

Dali, caminhei até o Holiday Inn. Conhecido por abrigar jornalistas durante a guerra, o hotel ficou marcado, durante uma manifestação em 1992, quando Radovan Karadizic ordenou que seus soldados da Republika Srpska atirassem contra os manifestantes que ocupavam a porta do parlamento. Os *snipers* foram colocados no terraço. No livro *Besieged, Life Under Fire on a Sarajevo Street*, Barbara Demick relata a fala de um dos manifestantes:

Estávamos despreparados. Nunca imaginaria que fossem atirar na gente como se fôssemos pombos.

Catorze pessoas morreram naquele que ficaria marcado como o dia que deu início à Guerra da Bósnia. A partir de então, as hostilidades aumentaram.

Voltei para o hostel pensando que havia perdido a chave, mas acabei encontrando-a em seguida. Visitei então uma pequena exposição sobre Srebrenica. Um trabalho esplêndido do fotógrafo Tarik Samarah. Ao fim, a exibição de filmes sobre o massacre e sobre o cerco a Sarajevo. Lá assisti pela segunda vez o documentário *Miss Sarajevo*, de Bill Carter. A primeira havia sido há uns 20 anos, na escola. No filme, o fio condutor é a menina Alma Catal, que dita o ritmo contando sua vida ao longo da guerra. Não encontrei-a enquanto estive por lá, mas consegui achá-la dois meses depois. Alma falou comigo sobre os dias na cidade durante o conflito. Vou dividir seu relato por partes:

A Iugoslávia para mim traz boas memórias. Minha infância feliz antes da guerra, quando todos éramos iguais, quando a taxa de emprego era muito maior e a taxa de criminalidade era mais baixa do que é hoje. Quando as pessoas estavam felizes e ninguém se importava com as diferenças (religiosas, étnicas ou o que quer que fosse). Éramos todos iugoslavos e muito orgulhosos disso. As pessoas sorriam. Muito mais do que hoje em dia. E não só falo sobre o meu país, mas também o resto do mundo.

Sobre o início da guerra... Lembro-me. Não apenas daquele dia. Lembro-me de todos os dias da guerra. Talvez até muito bem, melhor do que alguns dias do passado recente. Eu era uma criança de doze anos, vivendo uma vida muito boa. Além da escola, ouvia música, queria experimentar roupas novas, fazia amigos e, de repente, algo acontece e destrói seu mundo. Não tem como esquecer. Ninguém esperava a guerra. Fomos protegidos a vida inteira pelo exército iugoslavo. Nosso exército. E éramos todos amigos. De repente, seu próprio exército dispara contra você. Seus amigos passam a atirar em você, a te trair. E note que, em Sarajevo, antes, durante e depois da guerra, muçulmanos, católicos, ortodoxos, judeus, ciganos, todos nós vivíamos e vivemos juntos. E eles estavam matando todos nós. Igualmente. Porque nós éramos bósnios e herzegovinos. Éramos o povo de Sarajevo. E nossa alma era e é indestrutível.

Viver na guerra é viver à margem. Vinte e quatro horas por dia, sete dias por semana. Durante o cerco era assim. Infelizmente, não havia escolha. Sua vida está em jogo cada segundo de cada minuto de cada dia. No entanto, como crianças, você conseguia se divertir, rir, brincar, dançar alguma música imaginária, porque você não tem eletricidade, mas você tem a sua voz para cantar. Colocávamos o pó de sabor açucarado da ajuda humanitária no garfo fingindo ser um pirulito, um doce. Íamos buscar água e tornávamos isso uma aventura, fingindo que estávamos caminhando pelas ruas de Roma, Paris, Barcelona ou Los Angeles. Dirigíamos um carro destruído sem motor, fingindo que estávamos viajando para a costa. Você usa sua imaginação ao máximo, torna-se seu melhor amigo e faz seu caminho para sair da escuridão. E, além de todo o horror, você *vive* sua vida. E coloco ênfase em "viver", porque essa era nossa arma, assim como o sorriso. Era nossa vontade. Isso estava matando os monstros nas colinas ao redor da minha cidade. Isso e a união, ligação inquebrável entre as pessoas que viviam sob o cerco. Compartilhávamos tudo e tomávamos conta uns dos outros, como se não houvesse amanhã. Mas no fundo havia. E revivíamos aquilo tudo outra vez.

Nós, as crianças de Sarajevo, nos asseguramos de ter nossa infância. Por outro lado, tínhamos tarefas para a vida real, como fornecer água e madeira para a família, enfrentávamos a fila para o pão e ajuda humanitária etc. As coisas que nunca conhecemos existiram apenas meses antes, quando vivíamos nossas vidas normais com o aquecimento nas casas, eletrodomésticos, comida de melhor qualidade e água corrente. Tomando banho quente. Sim, você consegue aprender e apreciar as menores coisas na vida quando você as perde. Mas amadurecemos. Estávamos conscientes dos nossos papéis na guerra. De vez em quando, fazíamos um show para nossos pais e vizinhos. Isso colocava o sorriso em seus rostos cansados, pálidos e acuados. Isso não tinha preço.

Prestes a editar o texto do livro, consegui também a resposta às perguntas enviadas a Bill Carter, diretor do filme.

Eu realmente não tinha ideia do que seria Sarajevo antes de chegar. Imaginei tudo, desde vislumbres de filmes de guerra até desolação absoluta. E, claro, a jornada estava cheia de percalços. Mas quando cheguei, não era nada daquilo e, ao mesmo tempo, era tudo o que eu pensava. Era estranhamente silencioso e as pessoas caminhavam pelas ruas. Levaria meses para entender as regras da paisagem de Sarajevo. Havia partes específicas onde as pessoas podiam caminhar e havia outros lugares em que ninguém podia caminhar, ou arriscava ser baleado. Era um lugar confuso: política e geograficamente.

Penso que a filmagem do documentário trouxe uma forma de alívio aos entrevistados. Falar para a câmera foi uma maneira de ter uma voz. Todos os entrevistados poderiam ter morrido. Ou *eu* poderia ter morrido. Sobreviver em Sarajevo foi um pouco de aposta e quanto mais demorava, mais tempo duravam as chances de sobreviver. *Miss Sarajevo* de fato funcionou como um canal para o mundo, mas nada disso foi visto pela população de lá até o fim e pouco depois da guerra. Eles não tinham como ver nada durante a guerra devido à falta de eletricidade etc.

O que fizemos com o U2 na época foi, de certa forma, revolucionário. *Miss Sarajevo* era cru, mas conectou um senso de lugar e um povo. Isso fez com que as pessoas quisessem descobrir o que estava acontecendo e se as pessoas no filme ainda estavam vivas. Hoje, há uma abundância de mídias sociais e de imagens violentas.

Morrer sempre foi uma clara opção ao acordar em qualquer dia da guerra. Mas com o passar do tempo você cria uma rotina: obter água, comida, ver amigos e ficar vivo. O medo não desempenhou um papel importante até certo momento, mas era óbvio que uma hora ele iria chegar. Uma bomba caiu nas proximidades. Outra vez, a bala de um *sniper* quase me atingiu. Corri por quilômetros, sem nenhuma direção, apenas corria para correr. Em outra ocasião, uma bomba explodiu na janela e me deixou surdo por horas. E há tantos outros exemplos. De quando um amigo não conseguia sobreviver. Às vezes, eu disse a mim mesmo que o medo tem um mau cheiro que os atiradores podem sentir. Portanto, esteja vivo e tente não exalar esse mau cheiro.

Estive em Sarajevo pela última vez em 2009, quando recebi a cidadania honorária. A cidade, de certa forma, recuperou-se visualmente, mas há muitas cicatrizes escondidas debaixo daquilo que terá uma, duas gerações para desaparecer.

Tunel Spasa

À tarde fui até o *Tunel Spasa* ("túnel do resgate", em bósnio), conhecido também como túnel da esperança. Ele consistia em uma passagem, por baixo do aeroporto, de quase um quilômetro ligando os distritos de Dobrinja e Butmir, que permitiu o acesso de comida e combustível à população de Sarajevo, durante o cerco. Acima, no aeroporto, concentrava-se a comunidade internacional e, por isso, a casa escolhida para servir de entrada foi a mais próxima possível da pista. Caso os paramilitares sérvios decidissem atirar contra ela e errassem, acertariam membros da ONU, entre outras organizações, e os problemas seriam maiores. Durante a visita, conheci Nermin Vlajcic. Hoje, casado e com filhos, divide a vizinhança com muçulmanos como ele,e com sérvios e croatas.

> Foi sempre assim. Não havia ódio em Sarajevo. As primeiras memórias que tenho da Iugoslávia são paz, estabilidade e classe média. Fatos que fazem com que muitos ainda respeitem os tempos sob o comando de Josip Broz Tito.

Ao completar 18 anos, em 1992, entrou para a polícia. Poucos dias depois, já precisava lidar com o conflito à sua porta:

> Entrei para polícia e começou a guerra. Antes de tudo, eu era jovem demais para muitas coisas, mas primeiro percebi quando o partido comunista da Iugoslávia se separou e, depois, a Eslovênia anunciou a declaração de independência. Minhas tarefas na guerra, sob o cerco, eram coisas corriqueiras policiais, tanto na cidade como no *front*. O túnel era nossa janela para o resto do mundo e, em média, eu passava por lá duas vezes por semana.

Nermin comenta que a guerra da Bósnia parou, mas não terminou de fato:

> O conflito da Bósnia não teve vencedor. E ela foi interrompida como um lance de jogo de xadrez. O acordo de paz de Dayton foi uma decisão política, porque os EUA não queriam mais o conflito, depois de todos os quatro anos de papel muito passivo da União Europeia. Mas, ao

mesmo tempo, foi criado aqui um sistema anormal e muito caro. Eu acredito que, para o futuro, temos muitos desafios no caminho. Para dar início a uma melhora urgente, a primeira opção seria ingressar na OTAN. Ela traz estabilidade e segurança. Na Bósnia, após os acordos de Dayton, que puseram fim ao conflito, ficou acordado que cada etnia (sérvia, croata e bósnia) governaria o país por oito meses. Apesar de parecer justo, o governo muda mais de uma vez por ano. Desde 1996, pós-acordo, mais de 31 presidentes já ocuparam o cargo.

Ele se lembra muito dos tempos de Tito.

Obviamente, eram melhores. Havia uma classe média consistente. Na década de 1970 e 80, se quiséssemos ir para a praia, na Croácia, poderíamos nos programar. Atualmente, o orçamento não fecha no final do mês, se eu quiser fazer isso com meus filhos.

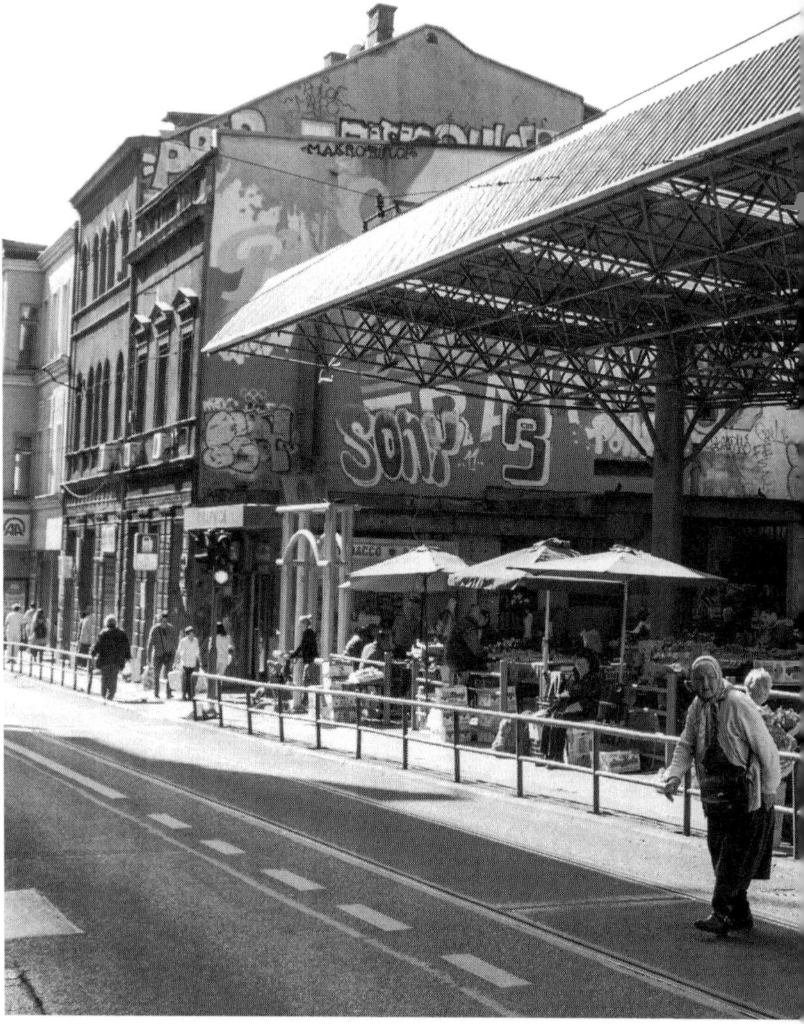

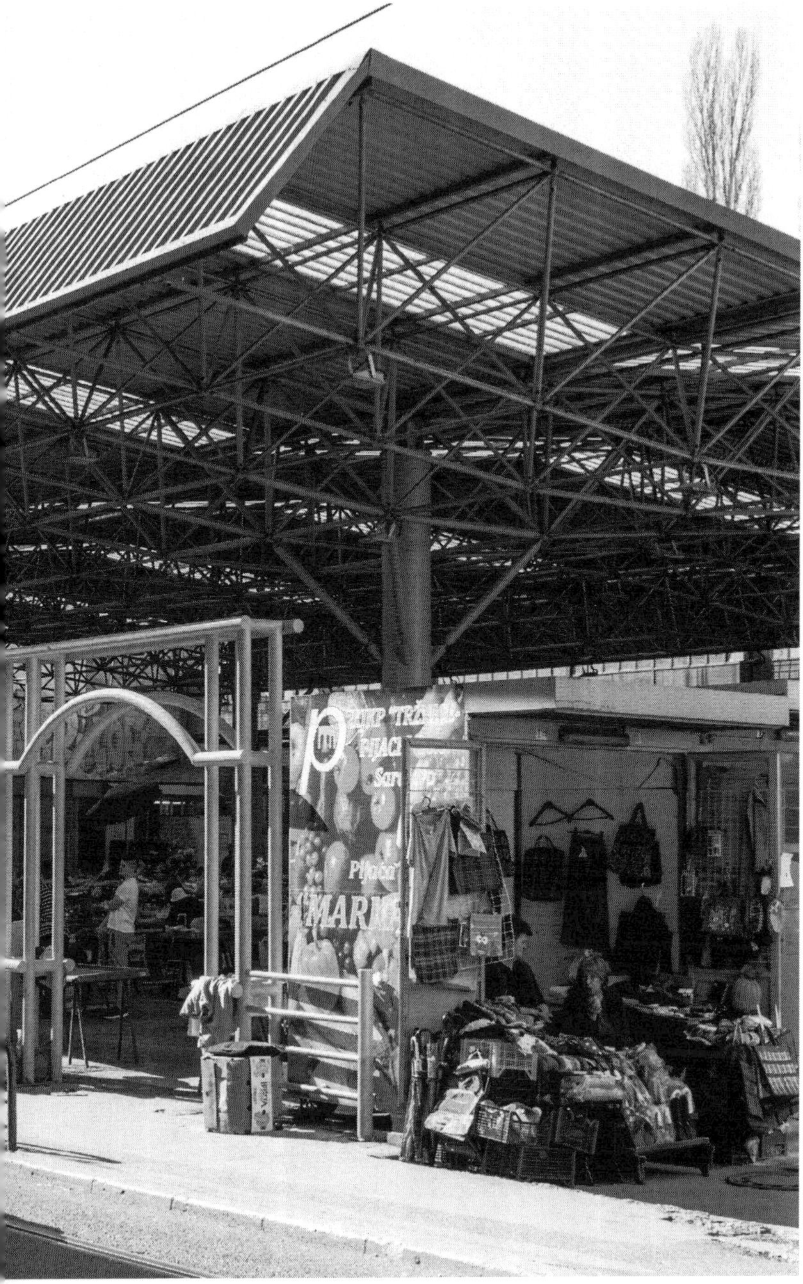

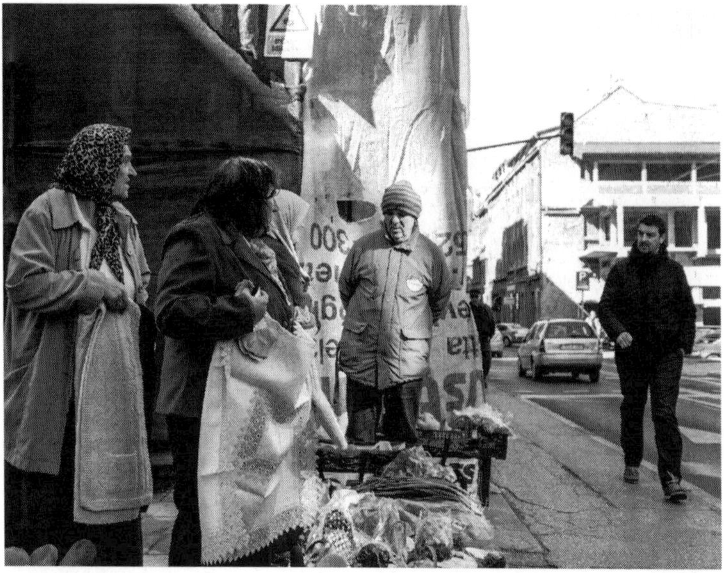

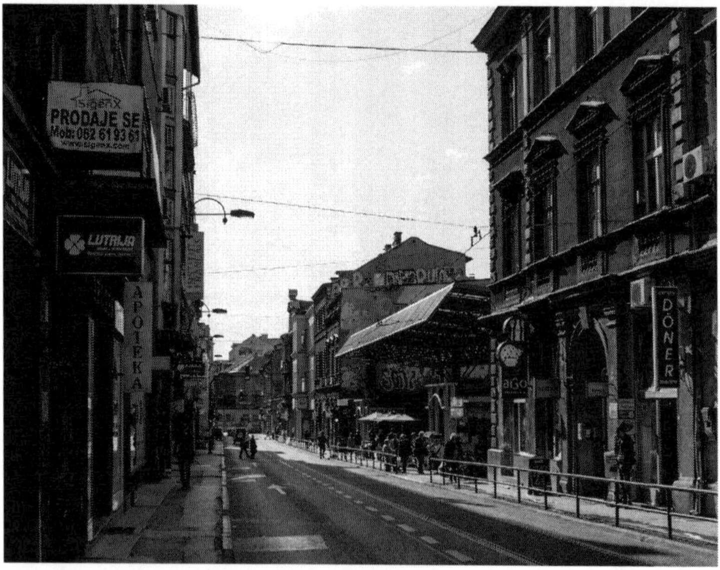
PRODAJE SE
LUTRIJA
DÖNER

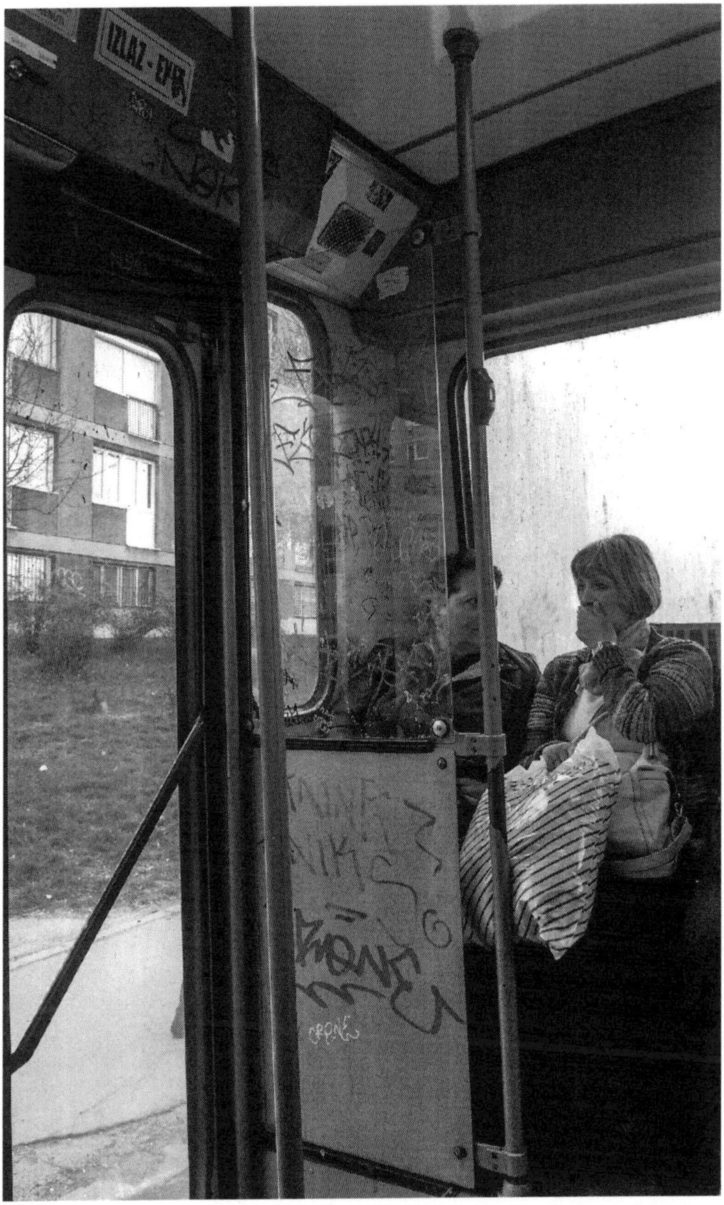

IZLAZ

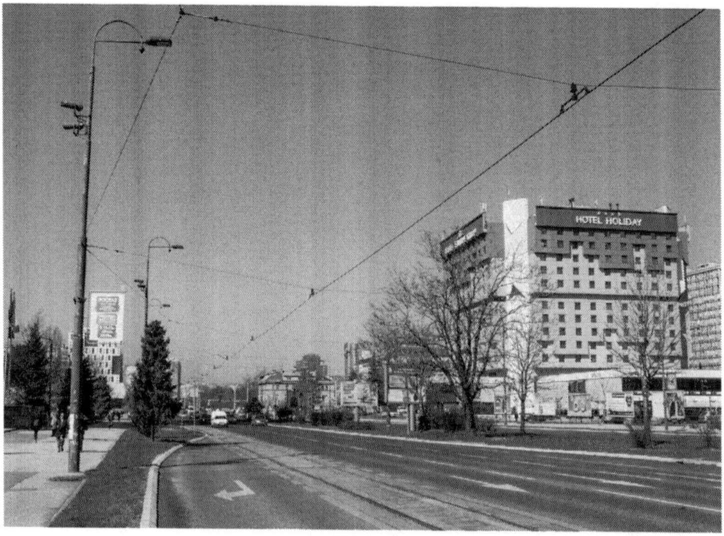
HOTEL HOLIDAY

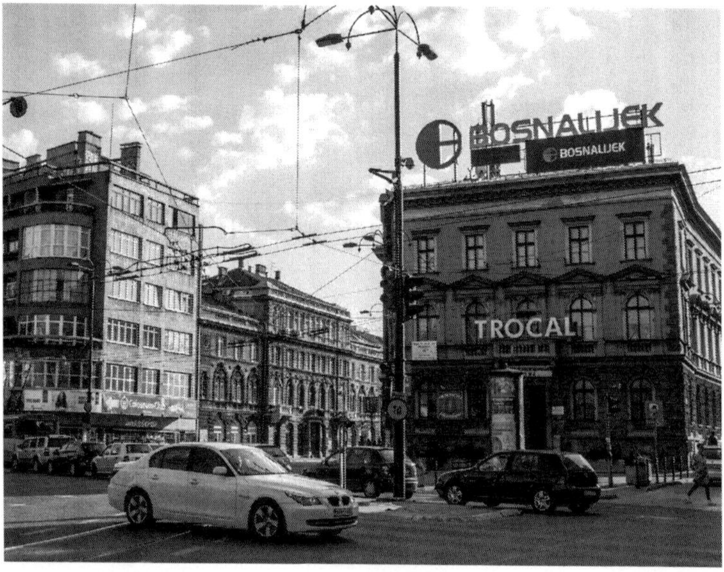
BOSNALIJEK
BOSNALIJEK
TROCAL

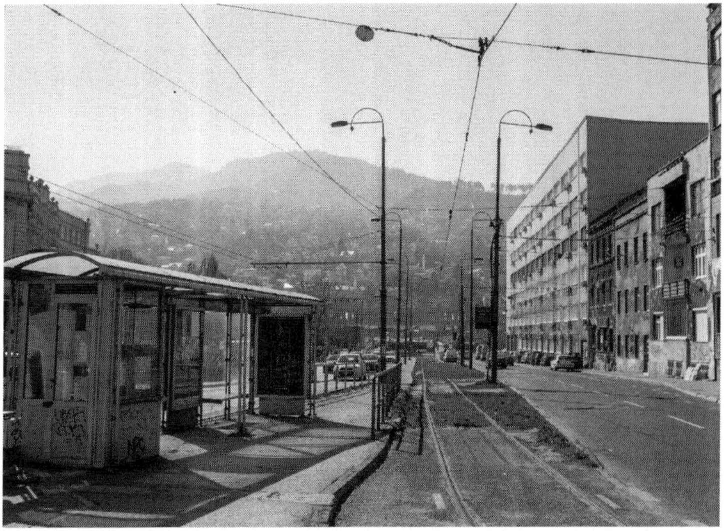

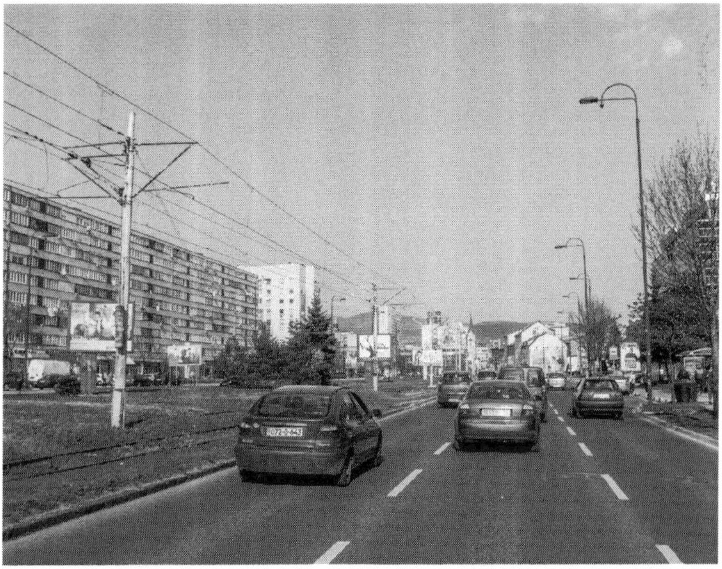

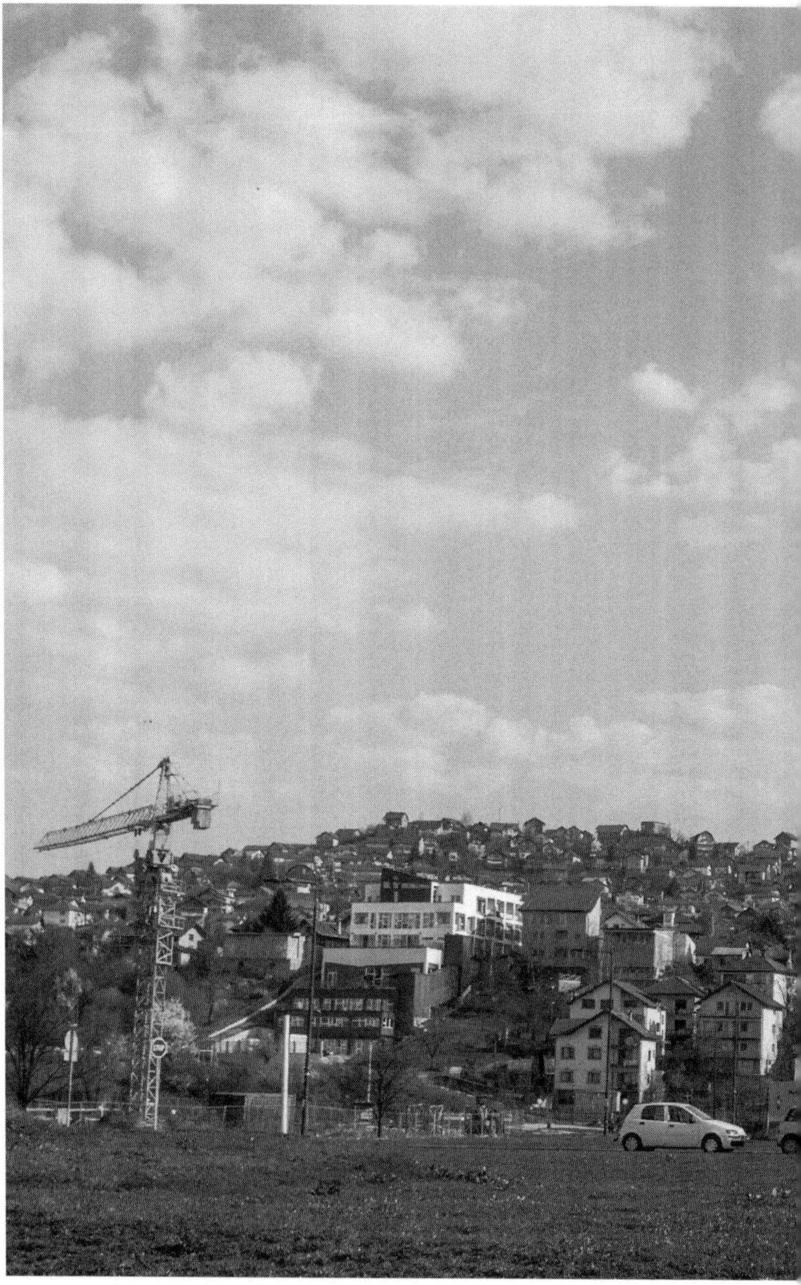

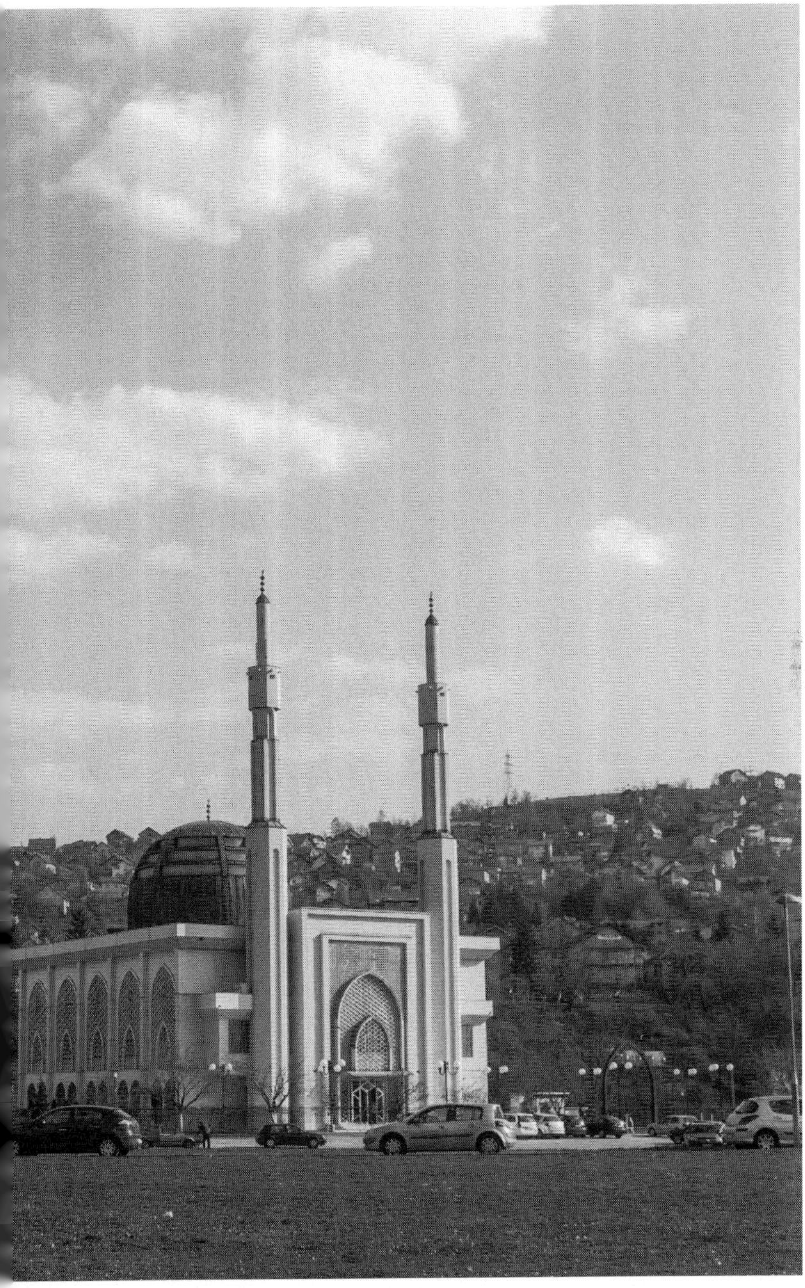

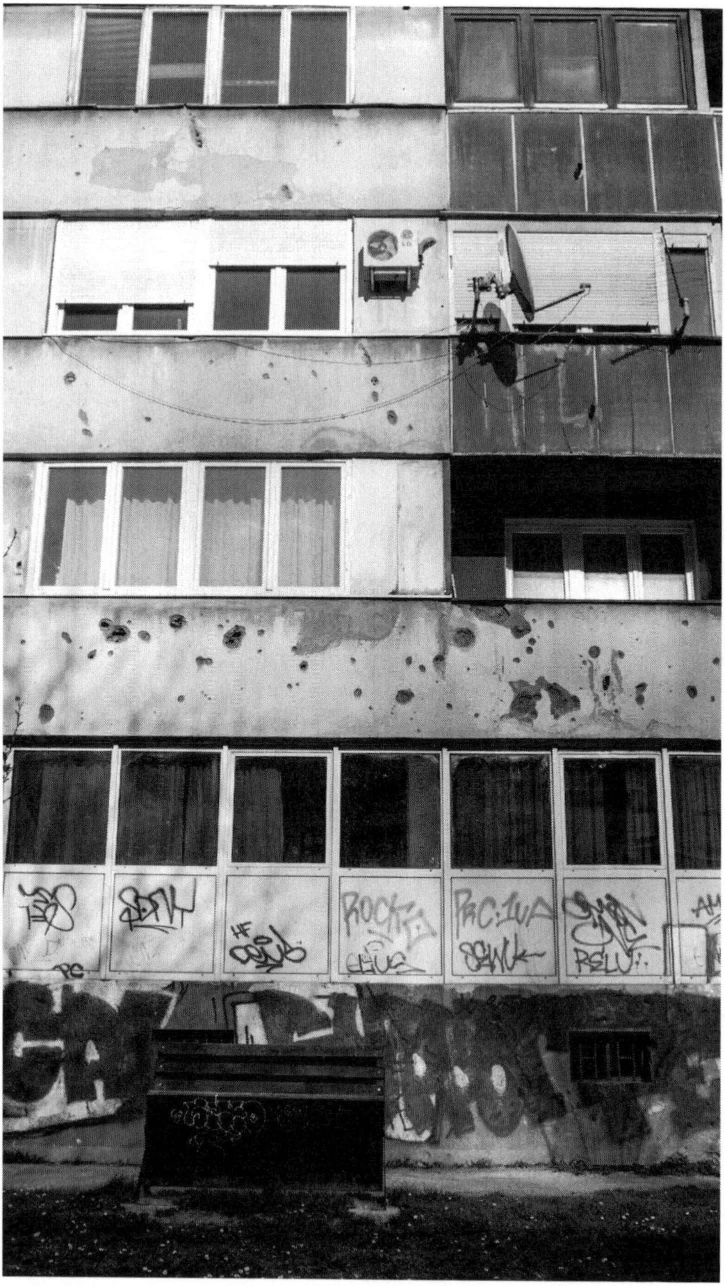

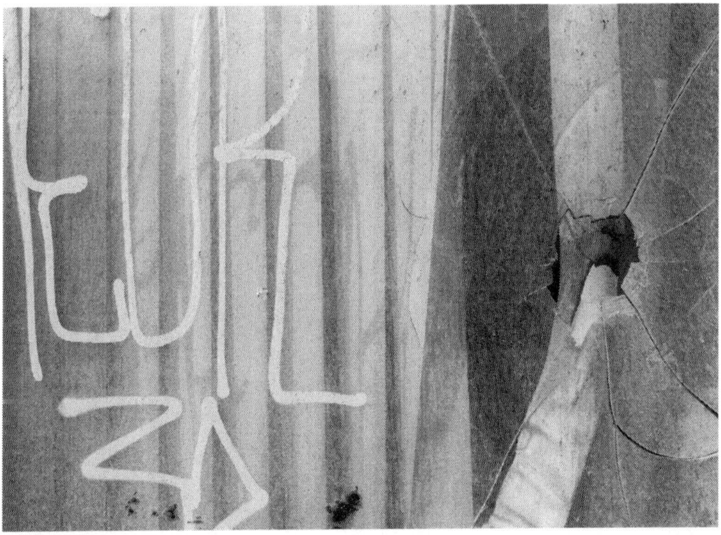

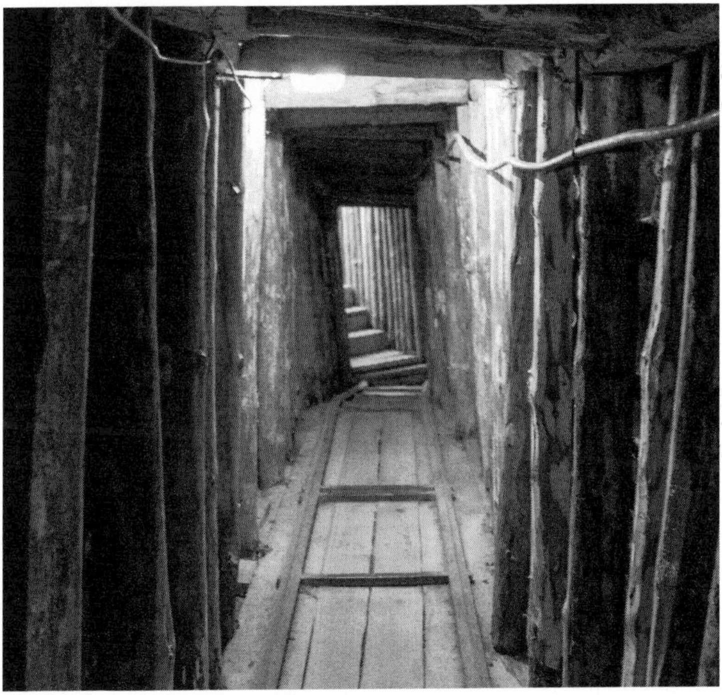

30 de março
Olimpjska

Despertei cedo para pesquisar sobre os locais dos Jogos Olímpicos de Inverno de 1984. Fui até a cozinha e lá encontrei o dono do hostel. Perguntei sobre a famosa pista abandonada de *bobsleigh*, que serviu de refúgio para os paramilitares durante o cerco da cidade. No meio das montanhas, seria difícil subir a pé, mas muito tranquilo descer. Decidi então pegar um táxi. Na subida, curvas e mais curvas. Depois, muito mato e construções abandonadas. O motorista falava uma ou outra frase em inglês. Aos 38 anos de idade, ele aparentava 50. Magro, com os dentes podres, parecia uma boa pessoa. Consegui extrair uma ou outra informação sobre os tempos áureos e os sombrios. Ele lembrava-se dos jogos olímpicos, mas viu apenas pela TV. Passou todo o período da guerra na cidade, mas não conseguiu explicar muito mais. Chegando lá, desci para fotografar e pedi que ele esperasse. A distância era muito grande e eu perderia muito tempo para descer tudo aquilo a pé. A pista vai entrando pela mata e lá do alto não se ouve muita coisa: um ou outro pássaro ou outro bicho. Há muitas pichações. *Olimpijska staza za bob i sankanje Trebevic* era o nome original da pista. À época, custou 8,5 milhões de dólares (uns 25 milhões de hoje). Voltei ao táxi e descemos até o hostel. No total, nove euros. Subi, almocei e peguei ônibus para voltar a Istocno Sarajevo. Mais uns 30 minutos até lá. Desci e andei por entre os prédios. A impressão é que a guerra acabara há dois dias, não há 22 anos. Não há movimentação na rua. As casas carregam as marcas, e não parecem que vão mudar. A degradação é uma lembrança forte do conflito. Na volta, parei em Grbavica, bairro onde os *snipers* se escondiam para atirar na população, que corria como louca pelas avenidas. Os prédios, igualmente destruídos, têm marcas de tiros, fogo e bombas. A grande avenida lá embaixo ficou conhecida como *sniper alley* (alameda dos atiradores). Na sequência, também estava o hotel Holiday Inn, recheado de jornalistas, que ocupavam apenas os quartos dos fundos, já que os da frente estavam sob a mira dos atiradores. O mesmo trecho da *sniper alley* foi palco para enforcamentos, durante a Segunda Guerra Mundial, quando membros do movimento fascista da Croácia atacavam cidadãos de Sarajevo.

Já no hostel, descobri que o dono (Amin) era filho de uma muçulmana de Srebrenica, a cidade onde ocorreu o massacre de 1995, quando mais de oito mil homens e meninos da cidade foram mortos pela faxina étnica. Ele também havia nascido lá e sua mãe doou parte do terreno de sua casa para a criação do Memorial do Genocídio, que fica em Potocari, local da matança, a cerca de cinco quilômetros da cidade. Por uma série de desencontros, não consegui entrevistá-la. Com 78 anos de idade, ela viveu a Segunda Guerra, todo o período de Tito e a desintegração. O prédio em que hoje funciona o hostel foi sua casa durante o cerco. Nas paredes, mesmo nas dos fundos, ainda é possível ver marcas causadas pelos tiros.

Durante a conversa, Amin disse-me que um amigo ia e voltava todos os dias para Srebrenica, e costumava dar carona para quem precisasse de transporte. Deixei agendado, então, para o dia seguinte, às seis e meia da manhã. Ao custo de 20 euros, ida e volta, a viagem sairia mais barata que o ônibus e eu seria deixado na porta do Memorial. Naquela sexta, diversas mães que perderam entes na guerra estariam lá, para homenagear as vítimas, já que naquela data, há 14 anos, a primeira sepultura fora cavada.

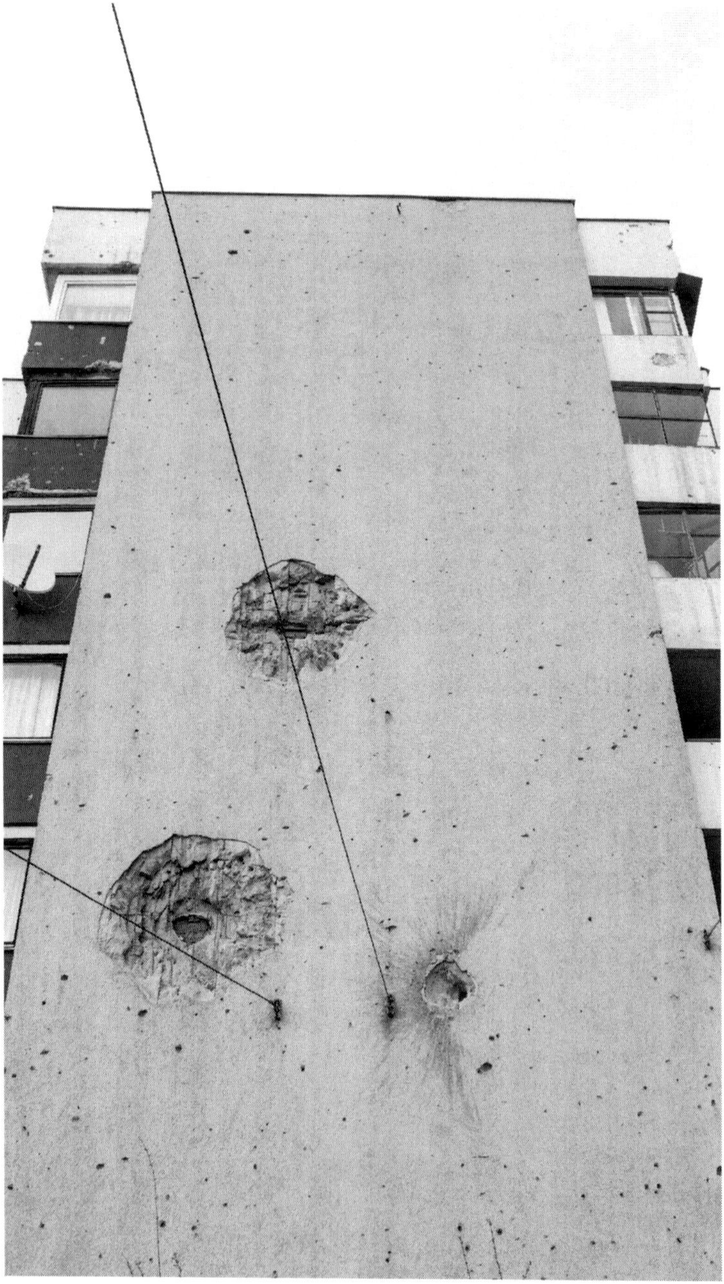

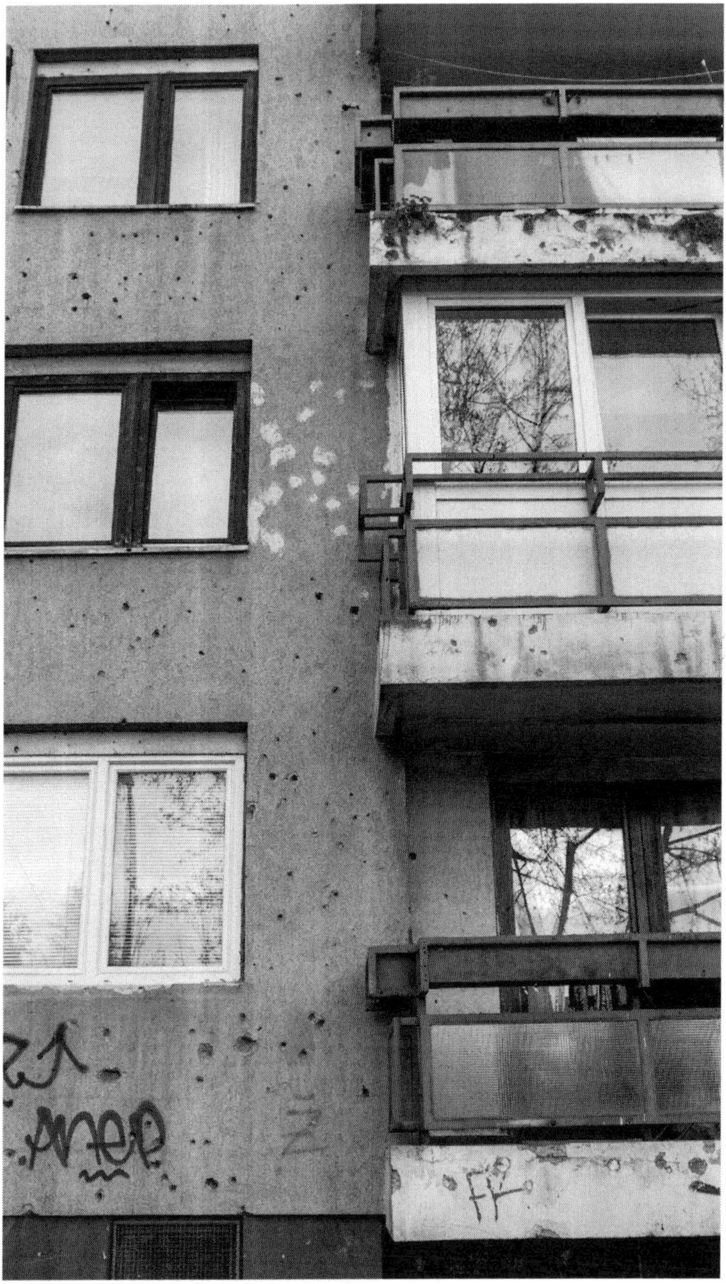

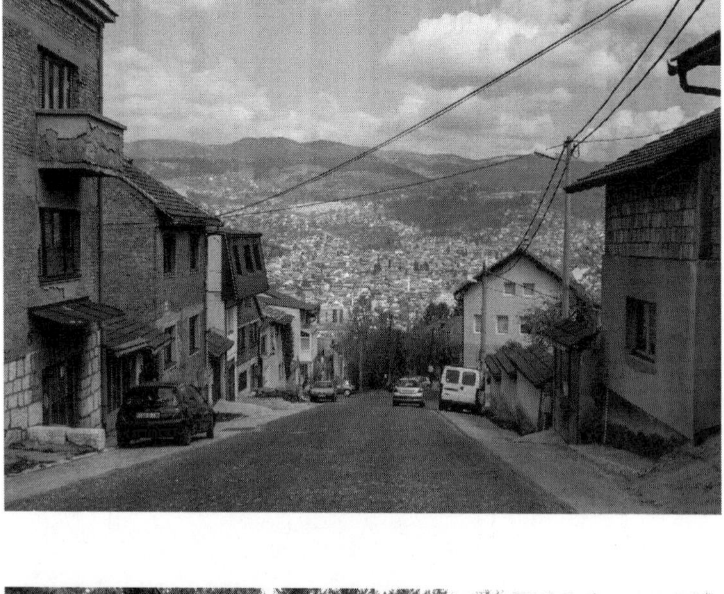

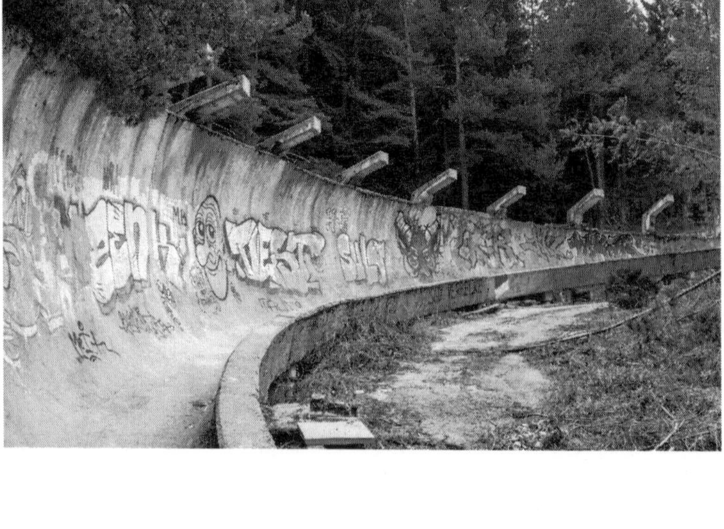

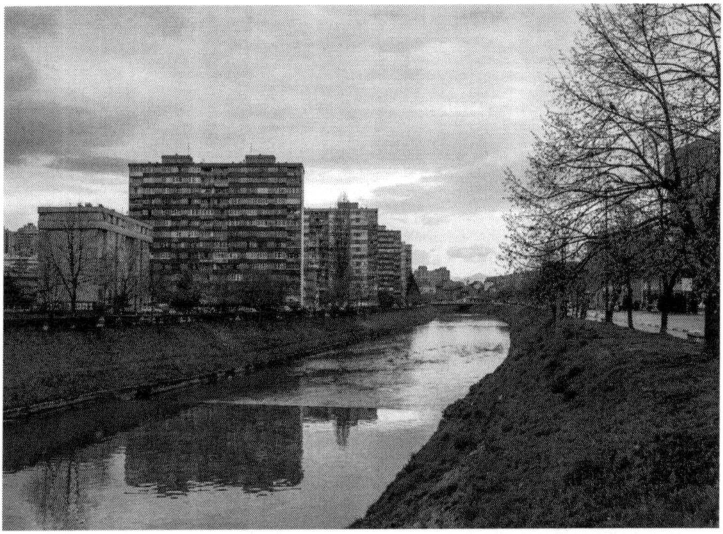

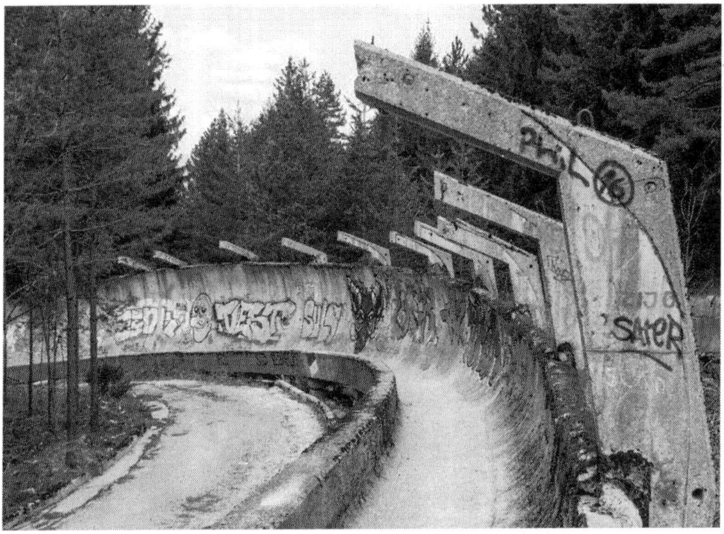

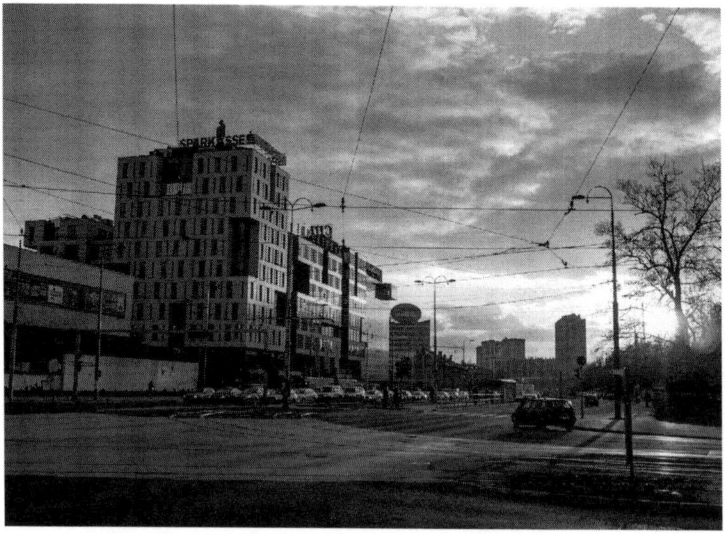
SPARKASSE

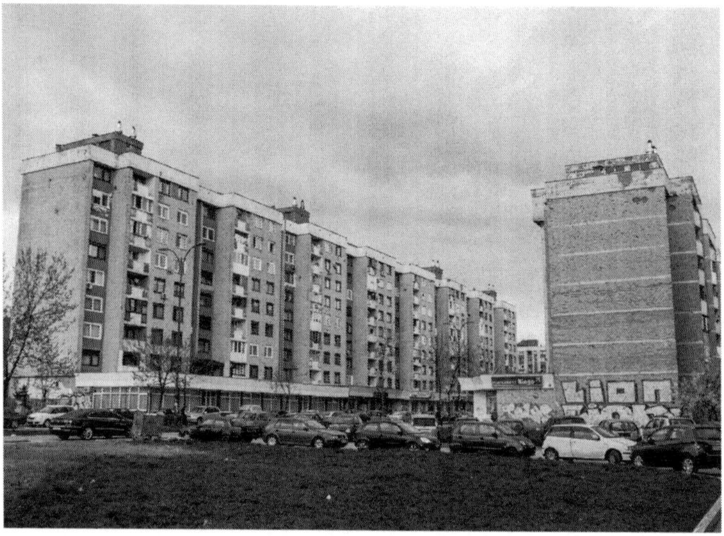

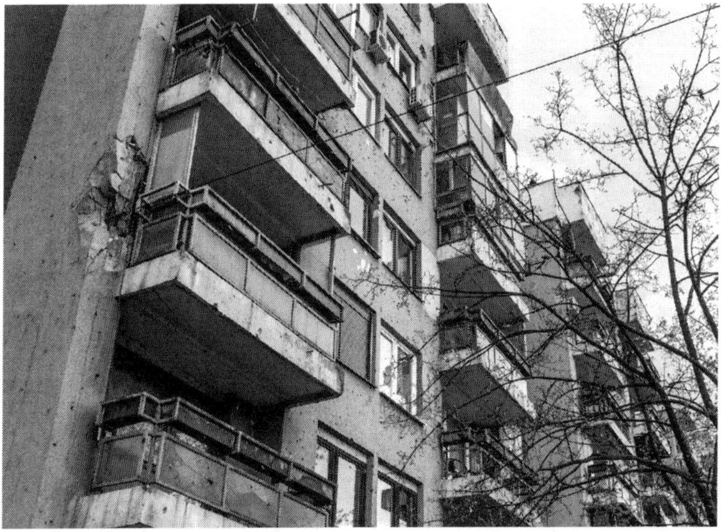

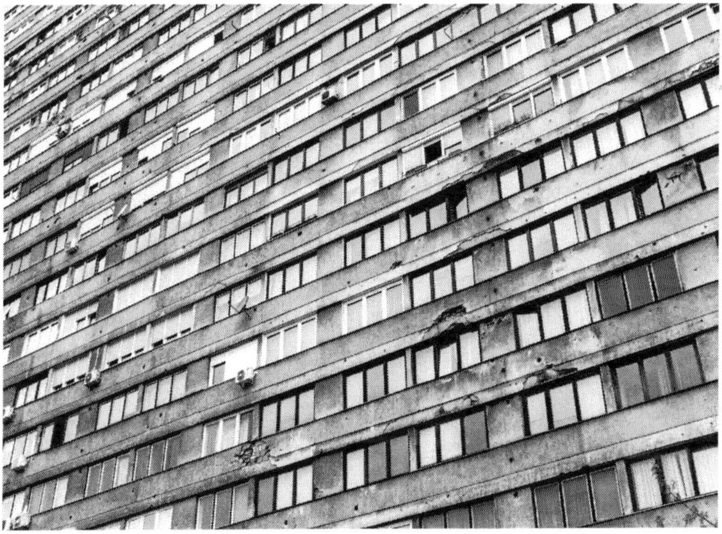

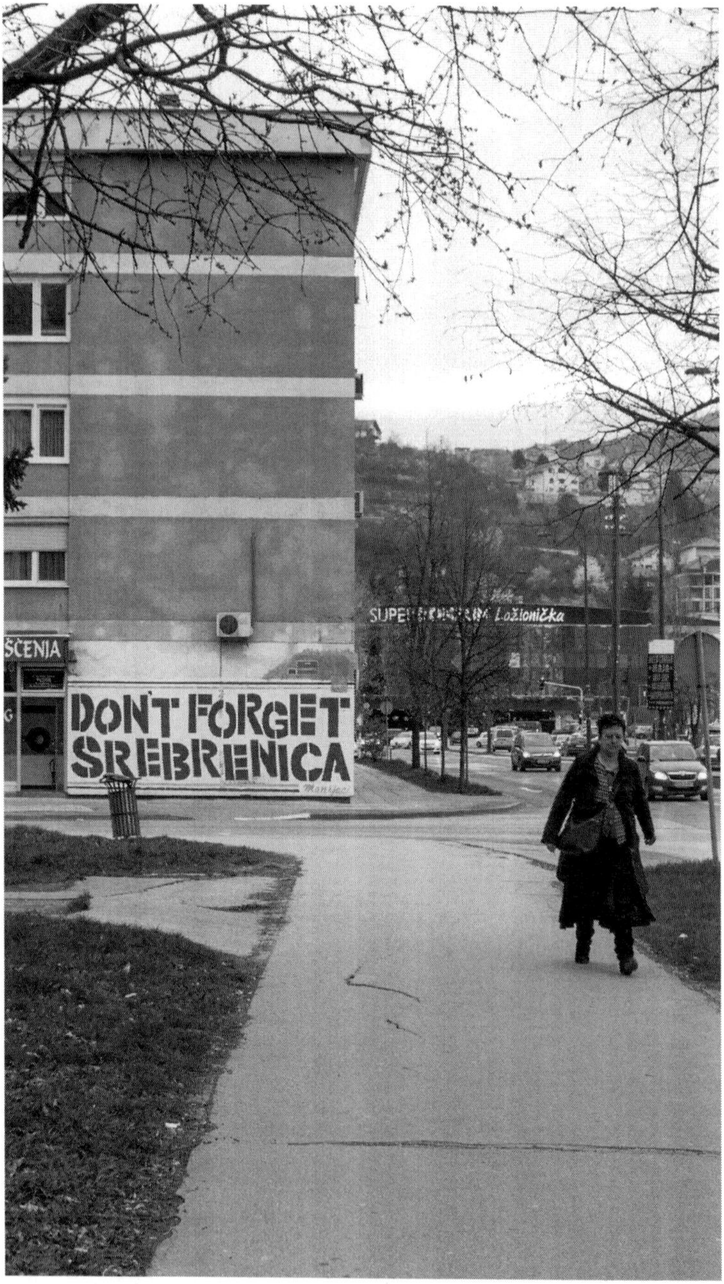
DON'T FORGET
SREBRENICA

31 de março
Dutchbat

"Vocês estão sob proteção das Nações Unidas". Essa frase foi proferida pelo general francês Philippe Morillon em 1993. Na ocasião, ele prometeu segurança à população de Srebrenica. De maioria muçulmana, o enclave se tornou uma das áreas de segurança da ONU na Bósnia. Mas o fim da história foi completamente diferente. Com a debandada dos capacetes azuis, em 1995, os habitantes da cidade viram as portas se abrirem para a entrada dos homens de Ratko Mladic,[1] que assassinaram mais de oito mil pessoas.

Não se pode falar com credibilidade em proteção dos direitos humanos diante da falta de consistência e coragem mostrada pela comunidade internacional e seus líderes. [...] Foram cometidos crimes com rapidez e brutalidade e, em contraste, a resposta da comunidade internacional tem sido lenta e ineficaz. [...] A própria estabilidade da ordem internacional e o princípio da civilização estão em jogo na questão da Bósnia. Não estou convencido de que a mudança de rumo esperada venha a acontecer, e não posso continuar a participar dessa simulação de proteção dos direitos humanos.

Tadeusz Mazowiecki, *relator especial da* ONU
para direitos humanos na ex-Iugoslávia,
que se demitiu do cargo após a ONU
se recusar a enfrentar os sérvios.

A comunidade internacional, a exemplo do exposto por Mazowiecki, é ainda motivo de desprezo na Bósnia. O próprio General Morillon foi impedido de entrar no Memorial do Genocídio por parentes de vítimas, durante uma visita à Srebrenica.

Apesar dos números de Srebrenica serem repetidos nos livros de história e nas manchetes sobre o massacre, há quem os conteste. Em seu livro *A guerra nos Bálcãs*, o ex-observador militar da ONU na Iugoslávia, o major-general português Carlos Branco levanta uma questão sobre o episódio:

> É conhecido o modo como surge o número mágico das oito mil pessoas desaparecidas [em Srebrenica], estimado inicialmente pelo Comitê Internacional da Cruz Vermelha e que, num ápice, se transformou numa verdade absoluta. Ainda antes de ser possível de prová-lo, já era um fato indesmentível. Ai de quem se atrevesse a questionar essa verdade incontroversa. Seria imediatamente marginalizado e acusado de negacionista. O fato de 3 mil pessoas que integravam a lista de desaparecidos que integravam a lista de desaparecidos de Srebrenica se encontrarem inscritas nos cadernos eleitorais preparados para as eleições de setembro de 1996 não refreou o anúncio continuado e permanente dos 8 mil mortos. [...] A execução de um número muito avantajado de homens muçulmanos — fontes bem informadas referem 2 mil — pelo VRS [Exército Sérvio da Bósnia], a maioria deles soldados, em Srebrenica e nos arredores do enclave, constituiu um inquestionável crime de guerra. Mas não foi um ato de genocídio como tem sido afirmado em vários fóruns, nomeadamente pelo Tribunal em Haia.

A Convenção sobre prevenção e Punição do Crime de Genocídio definiu o ato da seguinte forma:

[...] qualquer um dos seguintes atos cometidos com o intuito de destruir, no todo ou em parte, um grupo nacional, étnico, racial ou religioso, dos seguintes modos:
Matando membros do grupo;
Causando grave dano físico ou mental aos membros do grupo;
Infligindo deliberadamente ao grupo condições de vida calculadas para acarretar sua destruição física no todo ou em parte;
Impondo medidas destinadas a impedir nascimentos no grupo;
Transferindo à força crianças do grupo para outro grupo.

O texto acima foi aprovado em 9 de dezembro de 1948. Mas, de lá para cá, massacres e genocídios foram apenas julgados, mas não evitados. Um outro exemplo é o caso de Ruanda, quando cerca de dez porcento da população foi assassinada durante um conflito civil em 1994.

No caso de Srebrenica, o massacre chegou a ser enquadrado como genocídio pelo Tribunal Internacional criminal das Nações Unidas para a Antiga Iugoslávia. Em 2004, o Tribunal de Haia foi claro:

A câmara de apelação chama o massacre de Srebrenica pelo seu nome próprio: genocídio.

Porém, em 2015, uma resolução do Conselho de Segurança da ONU que condenaria o massacre como genocídio foi vetada pela Rússia. Na ocasião, China, Nigéria, Angola e Venezuela se abstiveram e todos os outros membros votaram a favor. Mesmo com uma tentativa de persuasão por parte dos britânicos e americanos, os russos não mudaram sua opinião. Antiga aliada da Sérvia, a Rússia apenas seguiu sua linha de pensamento.

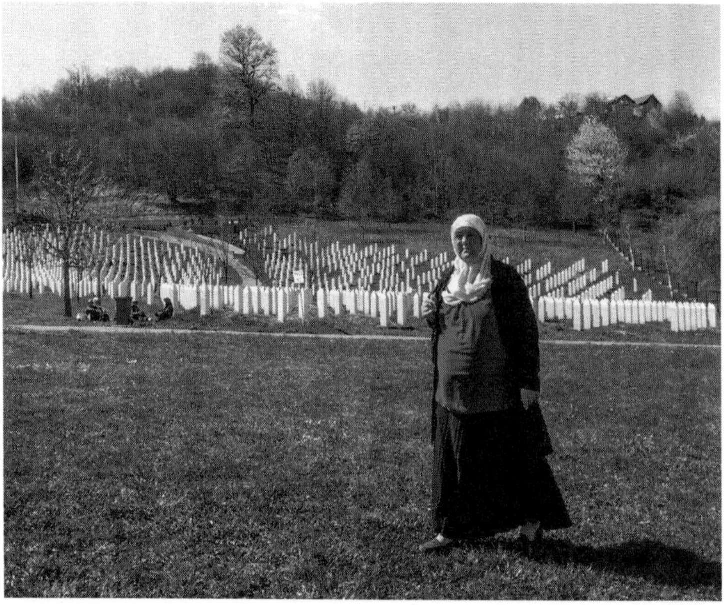

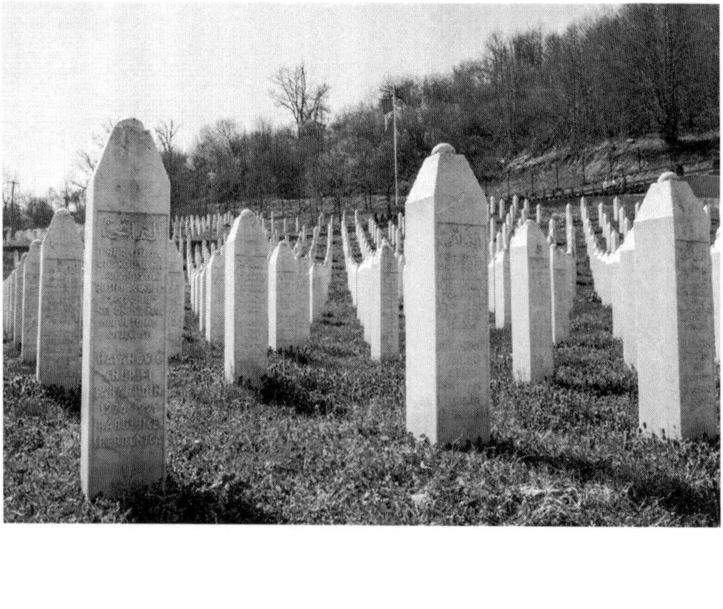

Viagem a Srebrenica

Acordei antes das seis, tomei banho e, faltando dois minutos, desci para esperar o amigo de Amin, que passaria às seis e meia para me buscar. No dia anterior, Amin ressaltara sua pontualidade, assim desci sem atrasos. Por volta das sete e meia eu ainda estava lá embaixo esperando o homem, já sem esperanças. Subi e tentei pensar em um plano B. Se eu não fosse a Srebrenica naquela sexta-feira, não poderia mais ir. Caso insistisse, já que era um destino fundamental para o projeto, eu desandaria toda a viagem, que não estava presa, mas tinha um roteiro pré-definido. Decidi então alugar um carro. Chegando ao aeroporto, já quase às onze da manhã, descobri que a reserva que fiz não havia sido aceita e foi só por conta de uma desistência que encontrei um carro em um dos guichês de locação. O aeroporto de Sarajevo é minúsculo, as opções eram pouquíssimas. Tive que pagar o triplo do que pagaria se fosse com o amigo de Amin, mas tudo deu certo. No meio do caminho, descobri que o GPS não funcionava. Segui a direção de Sokolac, depois a de Milici. Em pouco mais de duas horas cheguei ao Memorial.

Na porta, mais de 300 pessoas rezavam. Como disse, naquela data, há 14 anos, haviam enterrado a primeira vítima do massacre. Consegui que um cinegrafista de uma TV que cobria o evento me ajudasse em uma entrevista com a mãe de uma das vítimas.

Fadila Efendic descreveu a agonia pela falta de punição aos assassinos de seu filho e de seu marido, que morreram no massacre de 1995.

Estamos testemunhando o que aconteceu há 14 anos. Nesta data, inclusive, criminosos de guerra foram liberados sem punição: 31 de março de 2003. Foi o primeiro funeral, nunca me esquecerei de nenhuma das vítimas, especialmente por causa do meu marido, Ahmetli, que foi enterrado nesse dia, um dia depois do seu aniversário. O que me disseram é que algumas provas se perderam. Mas há provas suficientes. Se elas são usadas ou não, consideradas ou não, o tribunal é que deve decidir. Estou sem palavras, sentindo uma grande amargura por tudo isso que está acontecendo. Veja só, depois de tantas vítimas, os criminosos de guerra são punidos dessa forma? É injustiça sobre injustiça. Não tenho palavras, foram crimes. E ainda representam agonia, incertezas. Parece que a justiça nunca será feita. Fico cada vez mais desapontada e cada vez mais acredito menos na justiça, que só será feita quando todos os criminosos de guerra envolvidos no genocídio forem punidos com prisão perpétua. Perpétua. Se alguém matar outra pessoa agora? Claro que ele será punido dessa forma e deve ser punido dessa forma. Eles eram assassinos. Que culpa tinha meu filho? Uma criança inocente. O que meu marido fez? Os milhares de meninos? Só com a idade de meu filho foram 217 rapazes. Duzentos e dezessete! Esses eram os nascidos em 1975. E não estou contando os que nasceram em 1973, 1974, 1977, estou contando apenas os que nasceram no mesmo ano do meu filho. É como no poema de Desanka Maksimovic, *Bloody Fairytale* ["Conto de Fadas Sangrento"].[2] E nós vivenciamos o *Bloody Potocari*. E quem está escrevendo *Bloody Potocari* ["Potocari Sangrento"]?

Agradeci pelas palavras. Fui a pé até a fábrica onde a matança ocorreu, no chamado *Dutchbat*, ou batalhão holandês, onde as tropas do país ficaram alojadas até abandonar a população à própria sorte. Não havia ninguém lá dentro. O ambiente era úmido e, apesar do sol lá fora, gelado. Era um silêncio tão grande que se podia ouvir todo o medo e terror deixado pelos que ali perderam a vida. Havia marcas de tiros pelo chão, escritos na parede. Todos os elementos necessários para que ninguém se sinta à vontade. Uma espécie de Aushcwitz sem manutenção. Dali fui até a vila de Srebrenica, a uns cinco quilômetros. Passei por lugares que tinha visto apenas nas matérias da BBC sobre a confusão de gente aguardando uma resposta da ONU para a proteção que lhes fora prometida, mas não cumprida. Voltei para Sarajevo. Segui até o aeroporto para devolver o carro e, na volta, peguei um táxi porque tinha fome, mas havia esquecido o dinheiro. Conversando com o taxista, que aparentava ter uns 50 anos, embora na verdade fosse apenas um ano mais velho que eu, consegui uma declaração curiosa sobre o cerco:

> Na época estava no colégio e, como quase toda criança, só comemorava o fato de não ir às aulas. Brincávamos pelas ruas, dormíamos na casa de um e do outro, mas seguíamos a vida. Hoje ainda consigo falar inglês e alemão, além do bósnio, meu idioma padrão, que na verdade é o servo-croata que é chamado em cada ex-república de um jeito. Falo esses idiomas, mas sempre estudando sozinho. Depois de três anos, nunca mais consegui ver a escola da mesma forma. Terminei por terminar. Viajei, morei fora, mas hoje vivo com o que minha cidade me oferece. O que não é muito. Nem a neve do inverno cai da mesma forma de uns tempos para cá.

1 Preso em 2011, Ratko Mladic foi condenado à prisão perpétua em 2017 pelo Tribunal Penal Internacional.

2 "Blood Fairytale": poema de Desanka Maksimovic que descreve a morte brutal de meninos e crianças no Massacre de Kragujevac, realizado em outubro de 1941 por alemães, durante a Segunda Guerra Mundial. A autora faleceu aos 94 anos em 1993, dois anos antes do Massacre de Srebrenica. Um trecho do poema dizia: "Era na terra de camponeses/Nas montanhas dos Bálcãs/ Uma escola de crianças/ Que morreram como mártires certo dia".

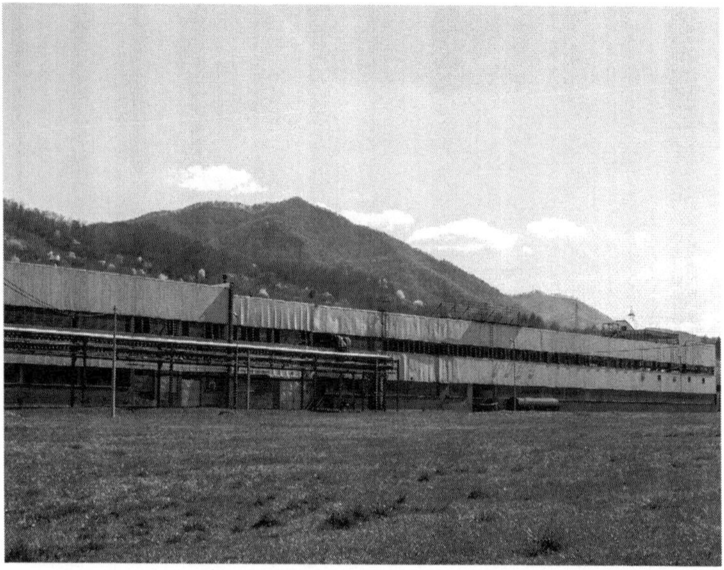

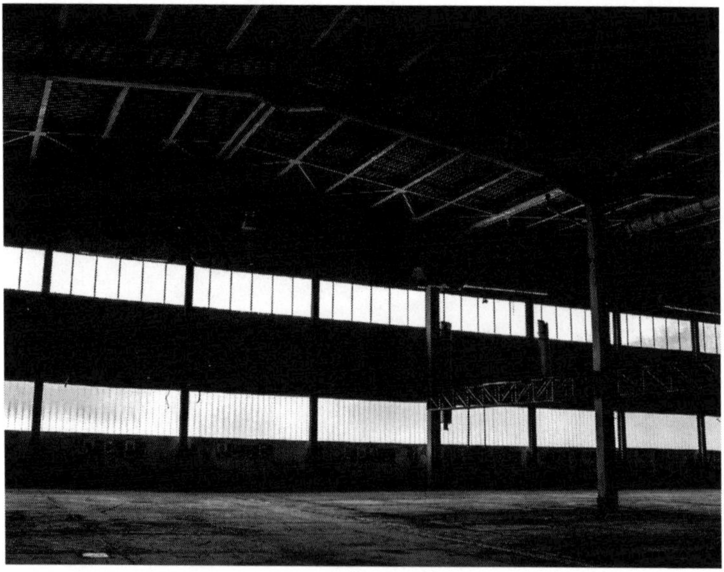

> RUST, ALLEEN KAN U REDDEN,
> MAAK U NIET DRUKKER,
> DAN DAT U VAN NATURE AL BENT.
>
> Een mens reageert naar wat hij weet.
> Daarom worden er ook zoveel fouten gemaakt.

SENCHO
⊥
K OKI

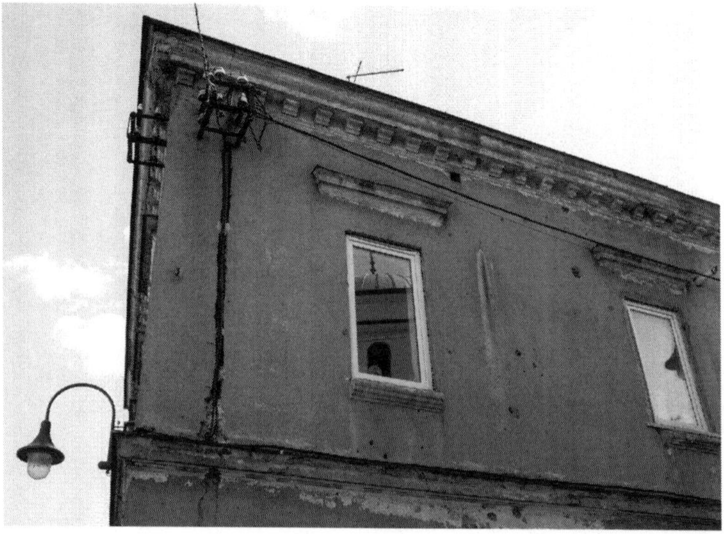

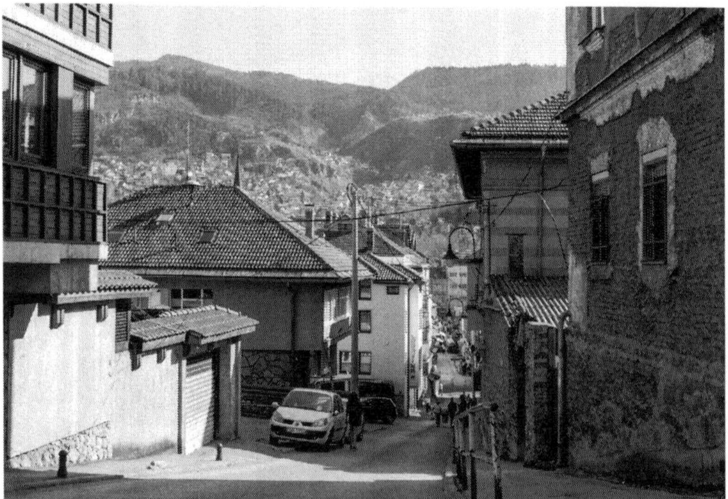

1 de abril
Logavina

Todo mundo pensava:"Sarajevo é a capital, nada vai acontecer aqui, estamos seguros"

Selma Kapic, 14 anos. *Besieged*, Barbara Demick.

Acabei decidindo por ficar mais uma noite em Sarajevo. Esperei o sábado todo para entrevistar a mãe de Amin, o que acabou por não acontecer. Fui visitar a Rua Logavina. Há dois anos havia lido o livro da jornalista Barbara Demick, que cobriu Sarajevo durante o conflito e retratou a miscelânea de etnias que formava a cidade por meio dessa rua. Foi mais um daqueles momentos de tirar o livro do papel. Sarajevo tem um pouco disso. Chegar ali foi ver tudo que eu havia lido sobre a cidade mais importante e interessante, pelo menos para mim, da Europa no século 20. Ali foram disparados os primeiros tiros das guerras que moldaram a história do continente naqueles 100 anos. Dia 16 de abril de 1992, o primeiro morteiro atingiu a rua, danificando uma casa de mais de 200 anos. Ninguém se feriu.

2 de abril
Uma ponte em Mostar

Cuidado com seu inimigo, mas cuidado com seu amigo cem vezes mais. Se seu amigo se tornar seu inimigo, ele pode te machucar muito mais.

Pichação com frase do *Corão* em Mostar, Bósnia

Entrei ao meio dia no ônibus para Mostar. O calor era enorme em Sarajevo, ainda no meio da primavera, algo incomum. A paisagem até a cidade, que ficava quase na fronteira com a Croácia, era das mais bonitas que já vi em viagens. Cheguei por volta das duas horas e a dona do hostel me aguardava na rodoviária. O alojamento ficava a menos de 50 passos dali. Deixei a mochila e rodei pela cidade. Havia marcas do conflito por toda a cidade.

Em 1991, o Acordo de Karadjordjevo, entre Franjo Tudman, presidente croata, e Slobodan Milosevic, presidente sérvio, dividiu a Bósnia e Herzegovina entre os dois países. No fundo, o objetivo do acordo era expandir as fronteiras croatas. Iniciou-se, então, um conflito em Mostar, cidade-chave da região, que ficou marcada pela derrubada da ponte que ligava os dois lados da cidade, e que tinha mais de 400 anos. Dados de ONGs internacionais apontam mais de duas mil pessoas mortas na cidade.

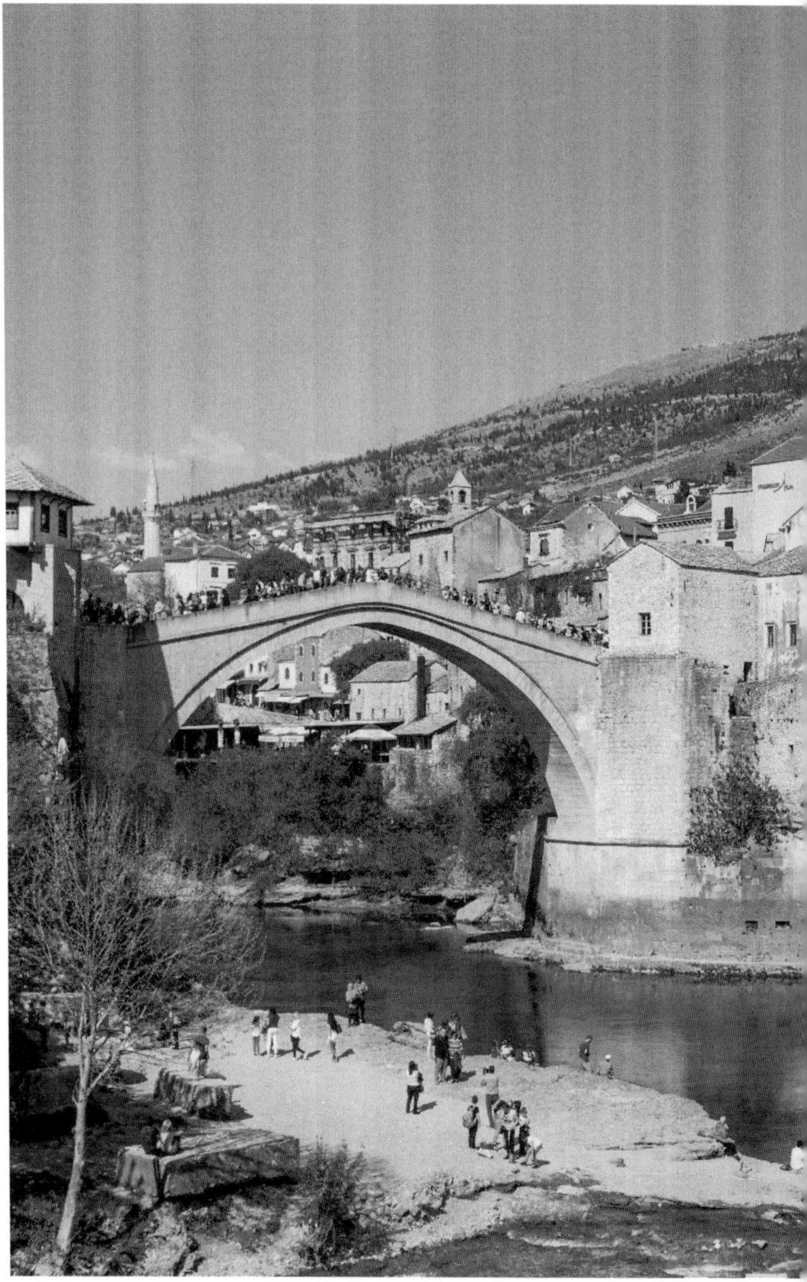

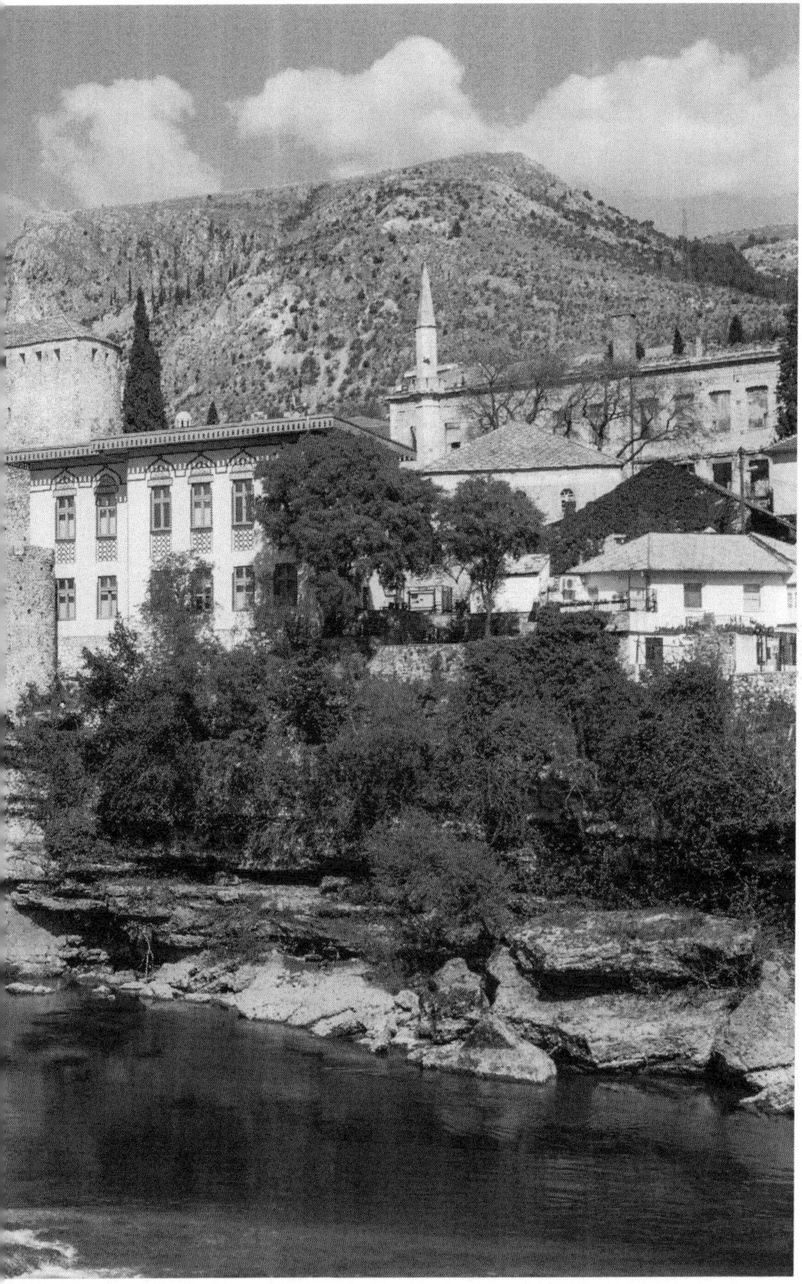

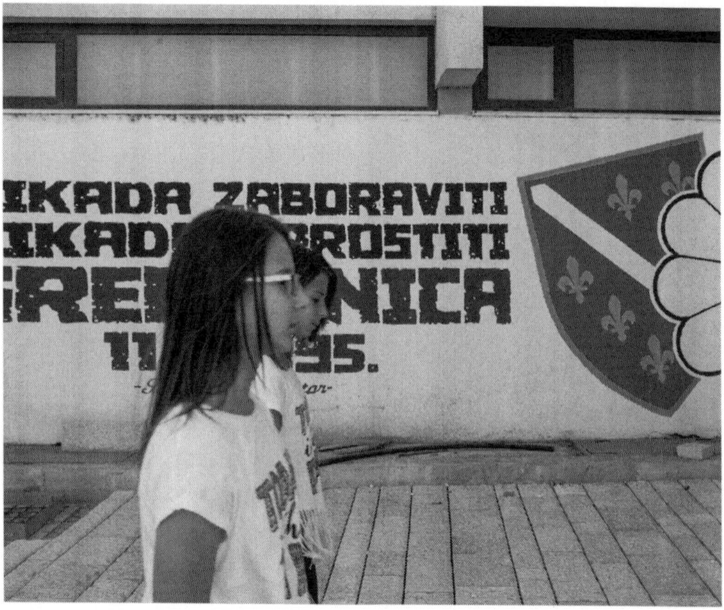
IKADA ZABORAVITI

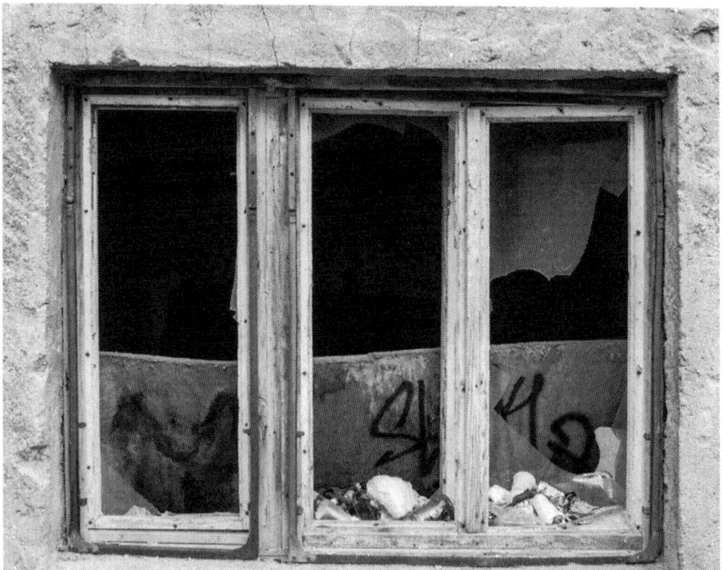

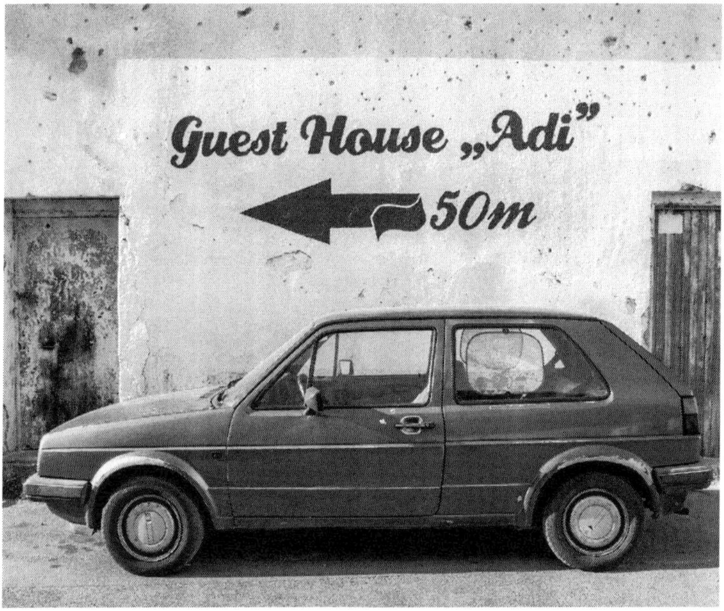
Guest House „Adi"
50m

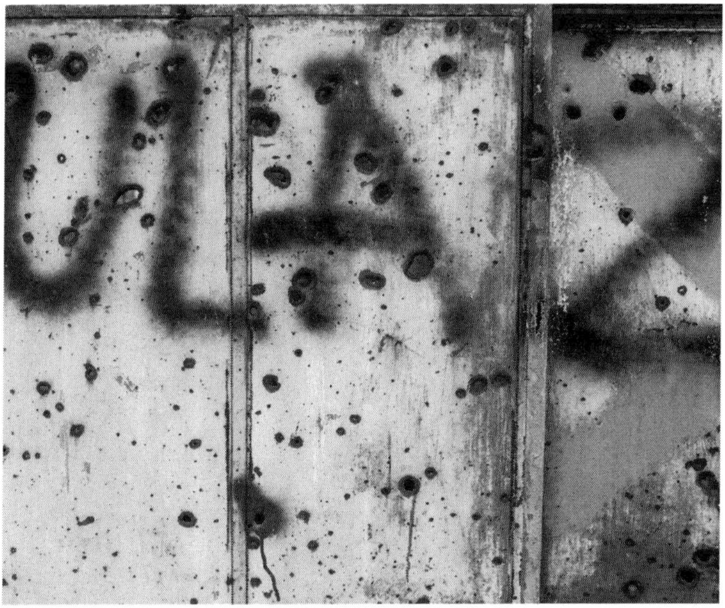

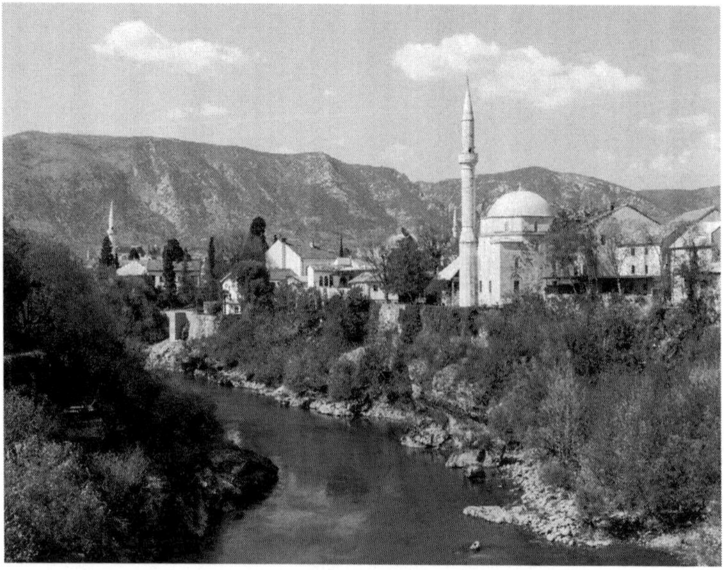

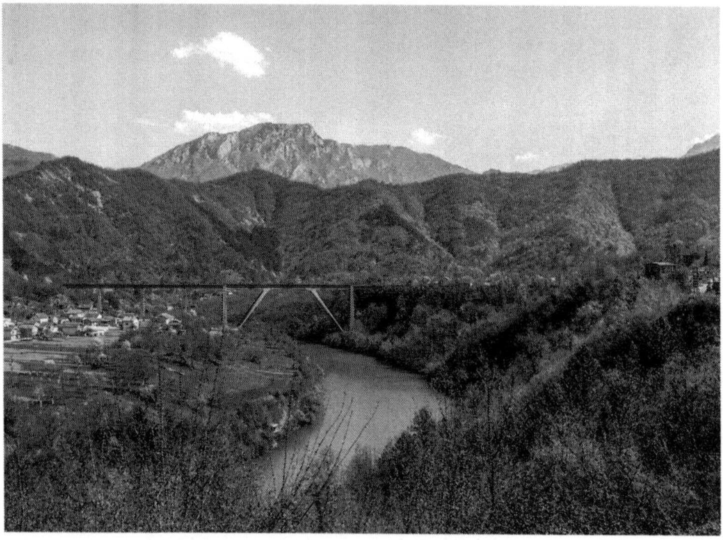

3 de abril
Português na fronteira

Esse dia não se enquadra muito bem no tema do livro, já que serviu apenas de trânsito para chegar a Podgorica, capital de Montenegro. Mas vale o relato breve da viagem. Deixei Mostar por volta de 8h da manhã, com destino a Dubrovnik. Decidi que não pararia na cidade croata e que de lá tentaria ir direto para Kotor, onde dormiria por uma noite antes de seguir para Podgorica. Como a cidade fica em uma região da Croácia dentro da Bósnia, há uma quantidade enorme de paradas em fronteiras. Em uma viagem de pouco mais de três horas, deixamos a Bósnia, entramos na Croácia; depois saímos da Croácia e voltamos para a Bósnia novamente. Dali a pouco mais de vinte minutos, voltamos para a Croácia. Em Dubrovnik consegui um ônibus que sairia em uma hora para Kotor. Com poucas horas em uma estrada montanhosa e com uma vista espetacular, cruzei mais uma vez uma fronteira, agora para Montenegro. E foi lá que aconteceu uma cena curiosa. Parado no ônibus, enquanto os policiais do lado croata ainda checavam meu passaporte (português), vi dois deles conversando e olhando para mim pela janela. Eis que um deles apontou na minha direção. O outro então veio até o ônibus e perguntou:
"Quem é português aqui?"
"Eu não sou português, mas meu passaporte é", disse.
"Pois eu sou. Difícil ver alguém de lá cruzando aqui".
Conversa vai, conversa vem, descobri que ele havia nascido em Lamego, a poucos minutos da terra natal do meu avô Manuel. Ele estava ali em algum tipo de treinamento e disse que ainda não tinha data para voltar. Depois do susto, um "até logo".

No caminho até Kotor, tive o prazer de observar as montanhas que descambam no litoral do pequeno país, com pouco mais de 600 mil habitantes. Montenegro é, sem dúvida, um dos países mais bonitos da Europa. Chegando a Kotor, caminhei pela cidade histórica e logo fui para o quarto editar algumas fotos e aguardar o dia seguinte.

4 de abril
Titograd

Entrei no ônibus oito e meia da manhã e antes de meio dia estava na capital. Diferentemente do litoral, Podgorica, antes chamada de Titograd, não tem beleza. É uma cidade cinza, com blocos no melhor estilo comunista e ligeiramente abandonada. Escolhi uma hospedagem ao lado da estação porque havia apenas um ônibus para o Kosovo, que saía às sete da manhã. Logo quando cheguei percebi que iria embora no dia seguinte. As oportunidades de fotos eram poucas e a realidade foi bem menos interessante que a expectativa. Mas a sorte estava do meu lado. Um dos entrevistados previstos, que não estaria disponível para falar comigo naquele dia, estava em casa por algum motivo que não entendi ao telefone e, coincidentemente, sua casa ficava exatamente em frente ao meu hostel, do outro lado da linha do trem. Como não havia grade, consegui cruzá-la a pé e em menos de dez minutos estava em sua casa, um prédio que começou a ser construído na década de 90 e por conta dos imprevistos das guerras nunca foi inteiramente finalizado. Acabaram por apelidá-lo de Vukovar, a cidade croata onde quase todas as construções ficaram destruídas com a guerra.

Vujadin Vujadinovic me esperava na porta. Ele era ferrenho defensor do regime de Tito e estava em Podgorica quando a cidade foi bombardeada pela OTAN em 1999.

Eu me lembro de ter ido buscar as meninas na aula de dança. Estava na sala de espera, vendo TV. De repente, ouvi o apresentador: "Aviões da OTAN estão a caminho da Iugoslávia para bombardeá-la". Eu fiquei em choque. Não podia acreditar. Olhei em volta e ninguém reagia. Levei as crianças para casa e disse para minha mulher que iríamos ser bombardeados. Ela disse: "Não brinque! O que você está dizendo?". "Acabou de passar na TV!", respondi. Olhei pela janela. Vi luzes no céu. Pensei que eram os aviões. Mas na verdade já eram mísseis. Ele vinham da direção de Petrovac. E em 15 segundos... bum! As explosões começaram. Eram na região do aeroporto. Depois, durante a noite, bombas caíram em Danilovgrad. Mataram dois soldados. Depois foram hospitais, pontes. Eles mataram crianças que estavam em uma ponte como se fossem animais. A OTAN matou nossos homens, nossos meninos, nossas crianças. Destriu nossos hospitais, nossas fábricas. Para quê? Para seu próprio interesse. Não atacamos ninguém. Eles inventaram o tamanho do problema no Kosovo, que poderia ter sido resolvido internamente. E tudo poderia ter sido sem bombardeios. Assim como na Bósnia, assim como no Vietnã, assim como no Afeganistão, assim como na Síria. Sobre Montenegro entrar na OTAN? É o interesse de um pequeno grupo de pessoas.

Vujadinovic ainda relembrou a liderança de Tito, a quem chamava de "visionário, que unia as pessoas".

Era o grande líder de seu tempo. Criou uma nação.

Após mais algumas horas de conversa, voltei a pé para o hostel. Falamos sobre futebol. Apesar do campeonato montenegrino, Vujadinovic ainda é torcedor do Partizan Belgrado, rival do Estrela Vermelha. Em uma parede, vimos uma pichação: "Nato=Nazism" (OTAN=Nazismo). Ele deu uma risada, como se dissesse: "Vox popoli, vox Dei".

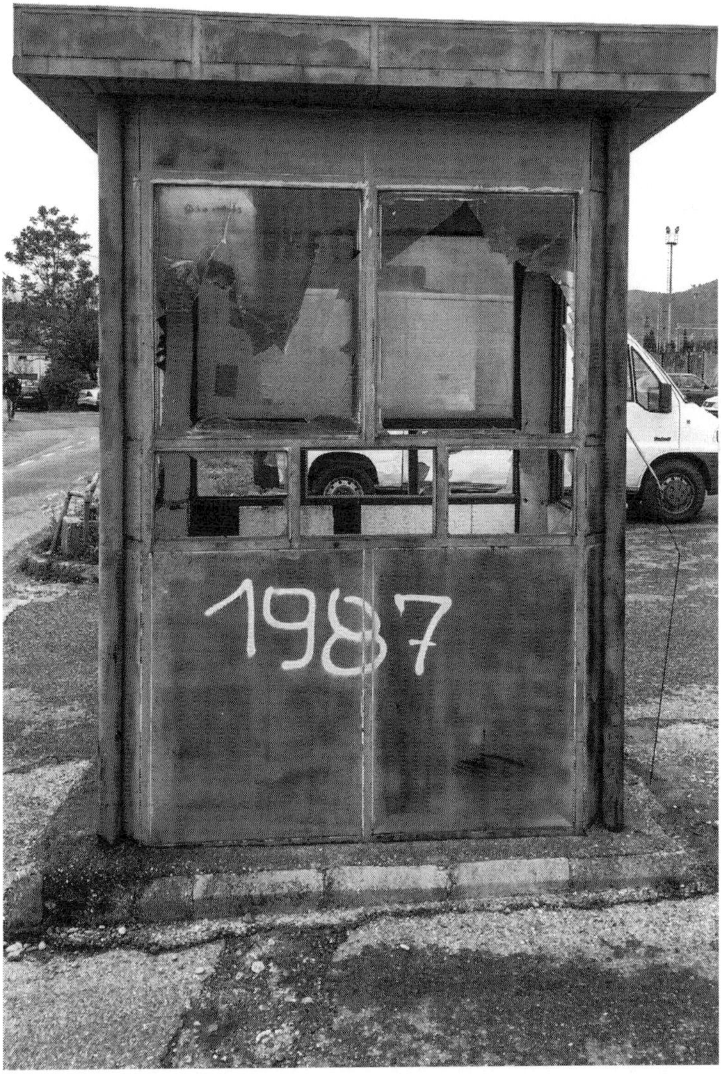
1987

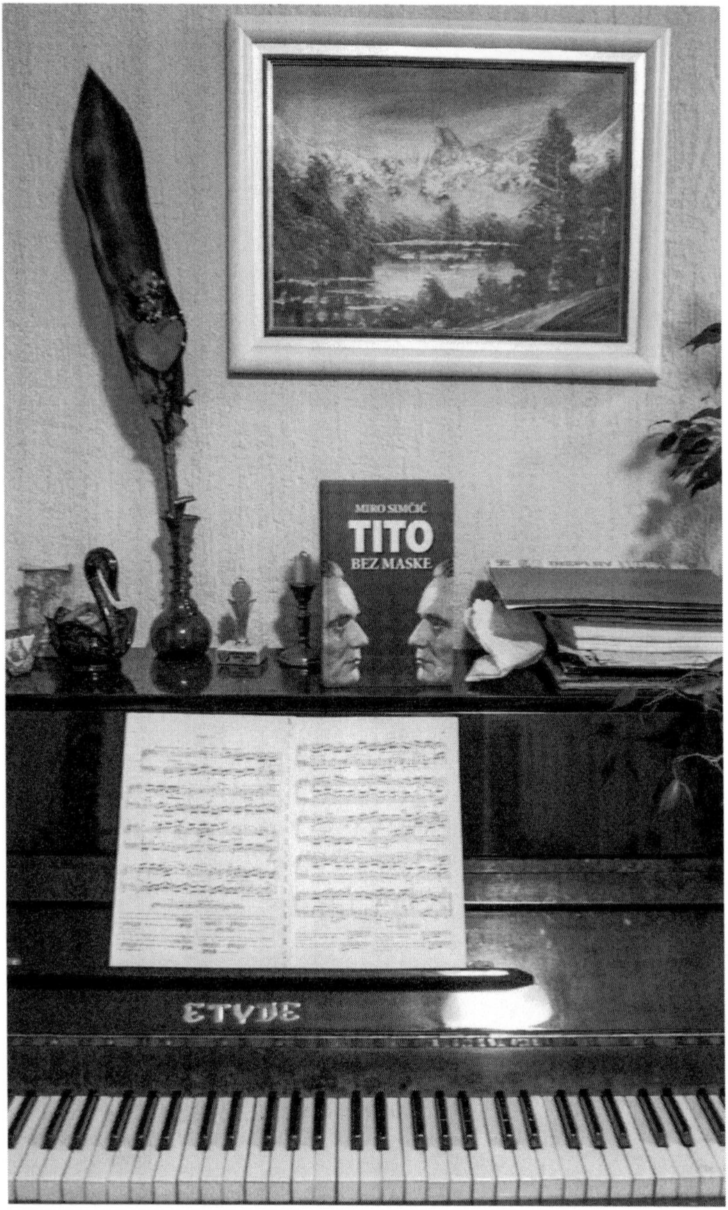
MIRO SIMČIĆ
TITO
BEZ MASKE
ETVDE

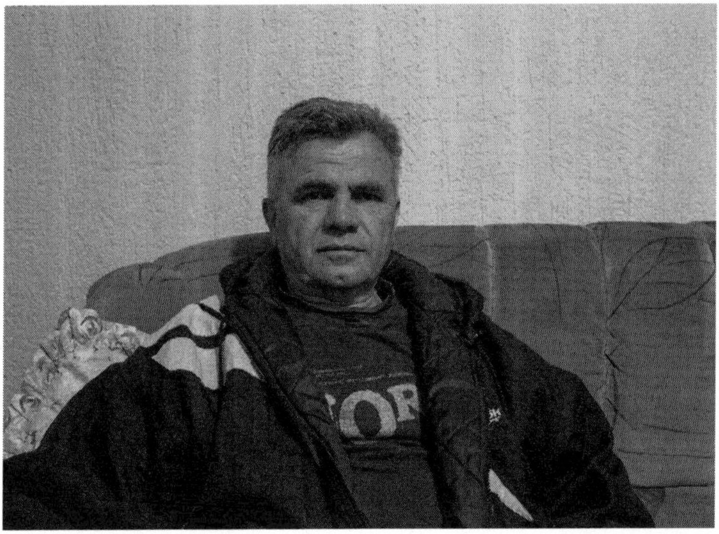

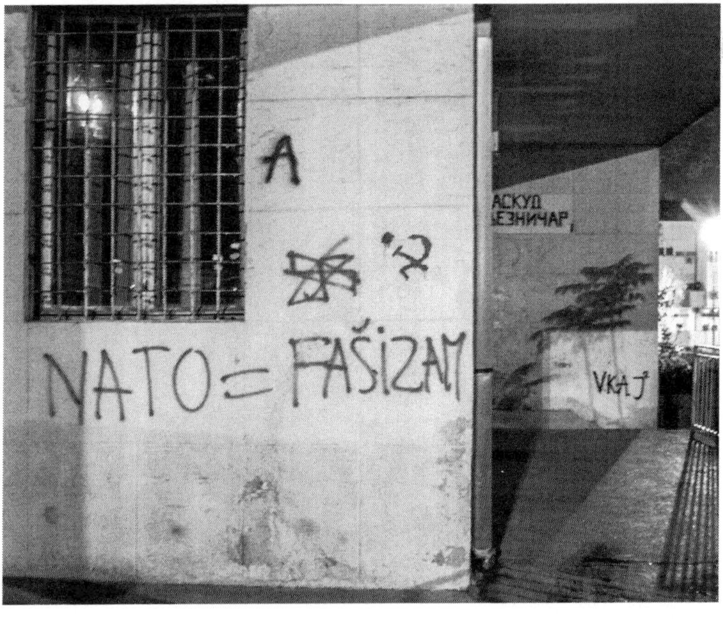
NATO = FAŠIZAM

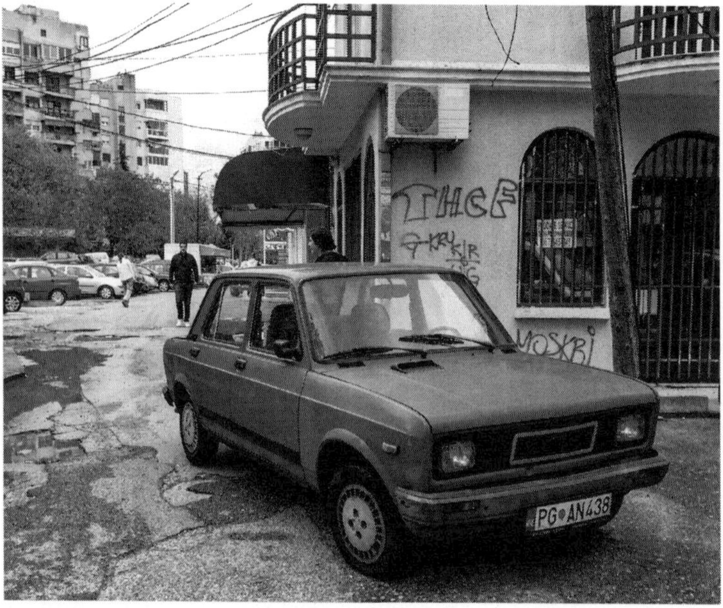
THCF
PG AN438

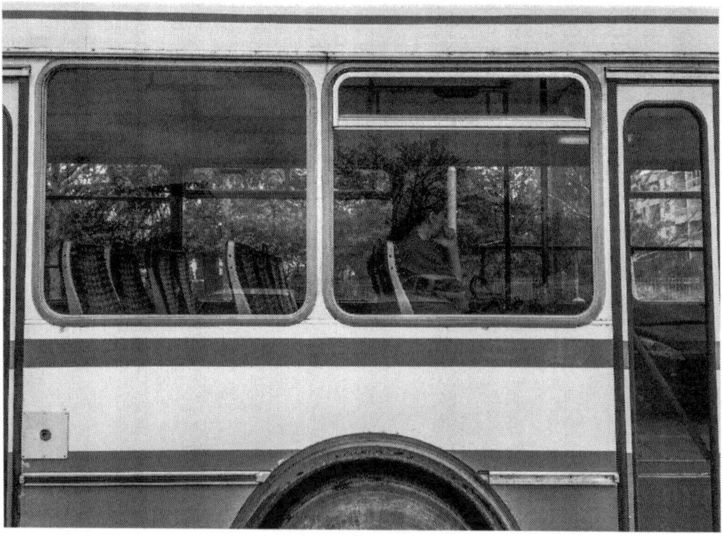

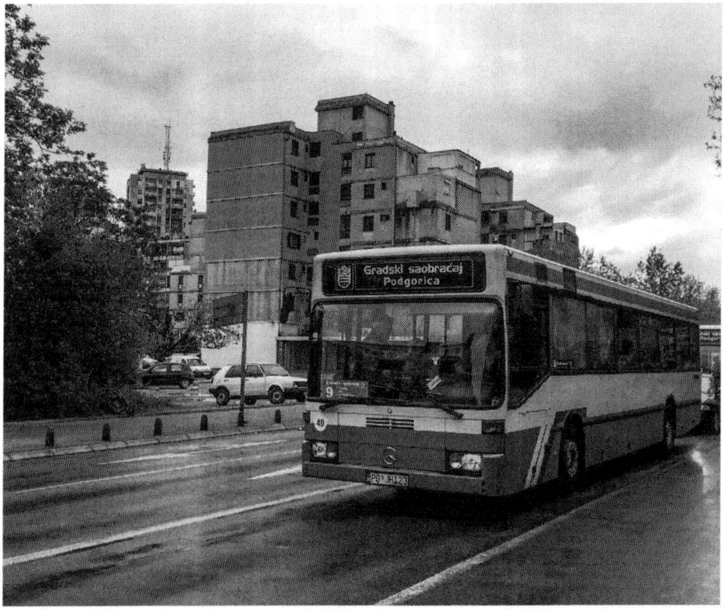
Gradski saobraćaj
Podgorica

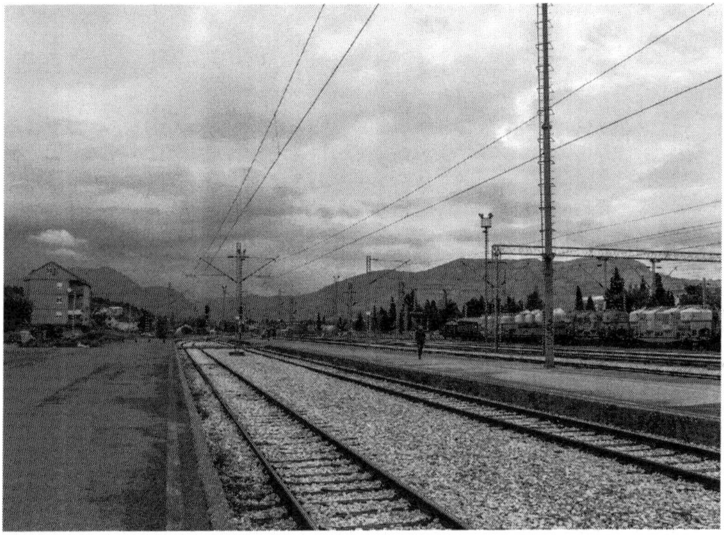

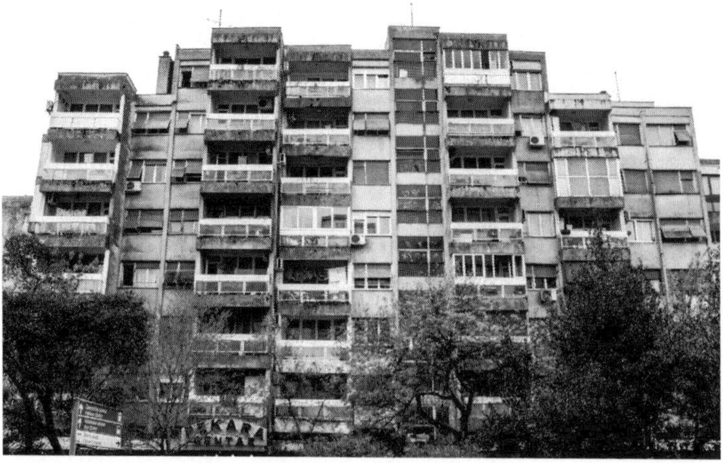

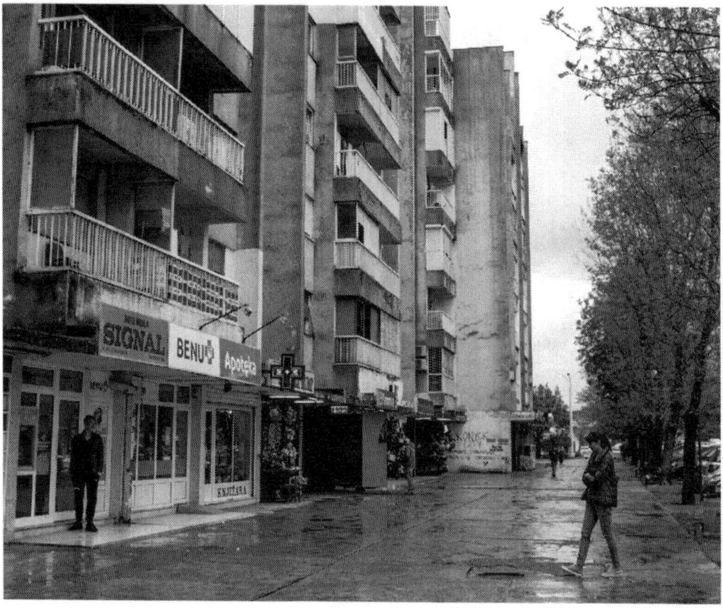
SIGNAL
BENU
Apoteka

PRODAJE
SE
WA
TT
PRODAJE
SE

A
Fuck
KADU
NATO
TATJANU
VOLIM
PUNO
GASTON
Volim te...

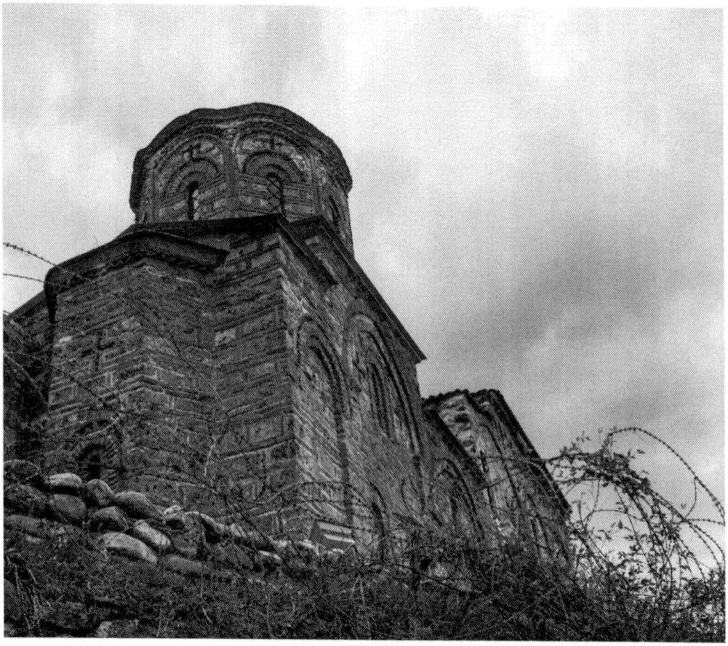

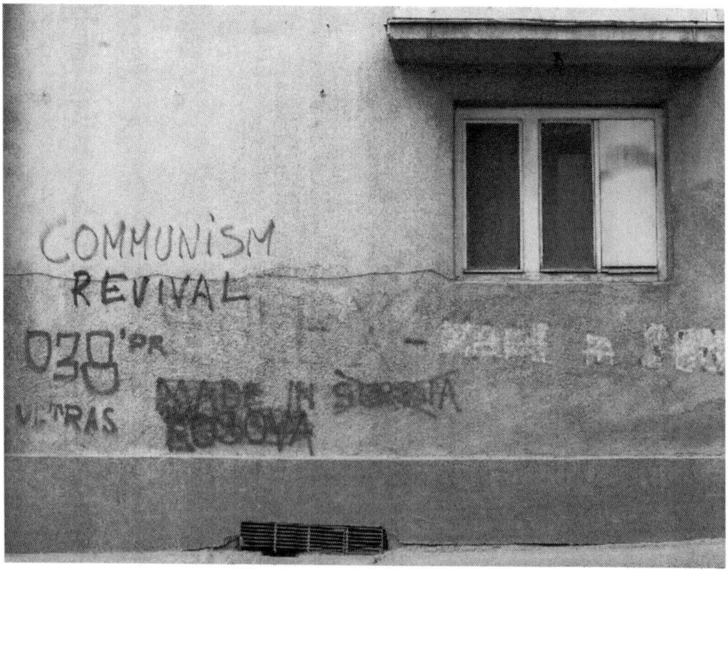
COMMUNISM
REVIVAL

5 de abril
Kosovo é Albânia

Toda discussão sobre o Kosovo começa com o clichê: "território sagrado para os sérvios", "berço da nação sérvia" [...] A batalha do Kosovo não foi um confronto de sérvios contra turcos, mas uma guerra lutada por todos os povos dos Bálcãs, unidos contra o invasor. [...] A batalha, que deveria ser preservada como símbolo da amizade entre as pessoas da península balcânica, foi apropriada por sérvios criminosos que queriam impor suas vontades

Ismail Kadaré

O ônibus que deveria partir às sete em ponto, saiu apenas às 7h25 da estação. Velho, sujo, vazio. Apenas dez pessoas viajariam comigo naquela que seria a mais longa de todas as viagens. Saindo de Podgorica, vamos em direção ao norte de Montenegro para não cruzar a Albânia. Quando voltamos para as montanhas, parece que mudamos de estação, de país, de continente. Há neve, curvas e a viagem passa a ser a 30 km/h. Logo estamos no Kosovo. Na fronteira, um carimbo que eu nem imaginava existir no passaporte. Para não ter problemas, segui da Sérvia para a Bósnia, Montenegro, e só então para o Kosovo, porque se saísse da Sérvia para o Kosovo e do Kosovo a outro país, poderia ter problemas para voltar à Sérvia, já que ela não reconhece o Kosovo como país e eles entenderiam que eu não poderia estar entrando novamente em um território do qual eu não saí. Assim que cruzamos a fronteira, foi possível perceber uma pobreza maior. E que, de fato, estávamos na Albânia, e não no Kosovo.

No século 20, medo, insegurança e desconfiança nesse espaço de terra de maioria albanesa foram os principais fatores responsáveis pelos conflitos que definiram as atuais (mas não reconhecidas por todos) fronteiras da região.

A fronteira oriental da Sérvia foi elaborada a partir do cume do Patarika, na antiga fronteira, e seguiu o divisor de águas entre os rios Vardar e Struma para a fronteira greco-búlgara, exceto o vale superior do Strumnitza, que permaneceu na posse da Bulgária. O território assim obtido abraçou a Macedônia central, incluindo Ochrida, Monastir, Kosovo, Istib e Kotchana, e a metade oriental do sanjak de Novi-Bazar. Por este arranjo a Sérvia aumentou seu território de 48.303 para 88.361 quilômetros quadrados, e sua população para mais de 1,5 milhões.

No início do século passado, mais precisamente em 1913, logo após as Guerras Balcânicas, o Tratado de Londres redefiniu as fronteiras da região. Foi quando a Sérvia anexou a região do Kosovo. No ano seguinte, em Sarajevo, iniciou-se a Primeira Guerra Mundial. Logo após o conflito, nasceu o Reino dos Sérvios, Croatas e Eslovenos, que originou a Iugoslávia (povos eslavos do sul), no final da década de 20. Durante a Segunda Guerra Mundial, o território iugoslavo se fragmentou novamente. Foi criado um estado croata fascista (Utasha) e o Kosovo foi dividido entre Bulgária, Sérvia (ocupada pela Alemanha de Hitler) e Albânia. Após o fim da guerra, ficou decidido, durante comitês de negociação, que o Kosovo faria parte da Sérvia, uma das repúblicas da Iugoslávia. O líder albanês Enver Hoxha não questionou a união de Kosovo ao território iugoslavo, o que fez aumentar o fluxo de albaneses para a região. Mas o acordo com o líder iugoslavo Josep Tito acabou em 1948, quando este rompeu as relações com a União Soviética. Daí para a frente, o Kosovo foi ficando para trás em relação às outras regiões sérvias, em termos de desenvolvimento. Sua população albanesa questionava o status de república dado a Montenegro (com população bem inferior), por exemplo, enquanto Kosovo seguia apenas como uma parte da Sérvia. Houve uma série de manifestações que apoiavam a criação da República do Kosovo, no que sempre foi impedidos por Tito, por receio de uma anexação da região à Albânia. Com a morte do líder, a desintegração da nação era iminente e o primeiro passo para a separação foi dado em abril de 1987, justamente no Kosovo.

Naquele ano, Slobodan Milosevic, líder nacionalista sérvio, foi enviado para lá com o objetivo de mediar um conflito entre os sérvios e albaneses (que eram maioria). Milosevic aceitou dialogar com os albaneses. Do lado de fora da reunião, um confronto entre sérvios e a polícia, de maioria albanesa, levou Milosevic a tomar partido dos sérvios e, em entrevista à TV, diz: "Não voltarão a bater-lhes de novo". A partir daí, foi criado um ambiente de hostilidade, ainda mais aguçado pelas reportagens da TV sérvia e após o Massacre de Saracin, quando um soldado albanês abriu fogo contra colegas sérvios e depois se suicidou. Com o passar dos meses, Milosevic começou a bater de frente com o então presidente sérvio Ivan Stambolic, que acaba renunciando ao cargo após perder o apoio do partido. Milosevic conseguiu o domínio político de Montenegro, região satélite sérvia, de Vojvodina e de Kosovo, após a queda de Azem Vllasi, líder albanês, que foi acusado por Milosevic de rebelião, após uma greve geral dos albaneses, em fevereiro de 1989. Com o controle de Kosovo, Milosevic conseguiu acabar com a autonomia kosovar. Em maio daquele ano, tornou-se presidente da Sérvia. Sua vitória criou insatisfação e desconfiança nas outras repúblicas.

A partir daí, começaram as guerras de independência: Eslovênia, Croácia e Bósnia. Com os anos conturbados do conflito na Bósnia, as atenções internacionais ficam todas voltadas para lá e, em determinado momento, para o conflito em Ruanda (1994). A província do Kosovo entrou em uma crise ainda maior. A possibilidade de independência fez com que Milosevic interviesse na região e perseguisse a população de origem albanesa, com violações de Direitos Humanos. Por outro lado, Kosovo recorria muitas vezes ao terrorismo, enquanto a Sérvia respondia com mais forças de ocupação na província. O Conselho de Segurança foi então chamado, para que se chegasse a uma solução, o que acabou vetado por parte da Rússia. Mesmo assim, sem autorização, a OTAN interveio militarmente na região. As ações, primeiramente apoiadas pela opinião pública internacional, logo foram questionadas pela mídia e, entre diversos comunicados de entidades internacionais, um relatório da Human Rights Watch aponta que

> no que diz respeito a violações da OTAN do direito internacional humanitário em Kosovo, a HRW estava preocupada com um número de casos em que as forças da OTAN:
> — tomaram precauções insuficientes para identificar a presença de civis ao atacar trens e outros alvos móveis;
> — tomaram medidas insuficientes para verificar se alvos militares não têm concentrações de civis, acarretando em excessivas baixas de civis.

A presença da OTAN nos Bálcãs

A OTAN (Organização do Tratado do Atlântico Norte) foi criada em 1949 para "conter o expansionismo soviético, coibir o renascimento do militarismo nacionalista na Europa, por meio de uma forte presença norte-americana no continente, e incentivar a integração política europeia". Após o fim da União Soviética (URSS), em 1991, as estratégias da Aliança foram alteradas. Bill Clinton afirmou, na década de 1990, que a "questão não era se a OTAN seria expandida, mas quando e como seria expandida". Seu vice-presidente, Al Gore, chegou a afirmar que "a segurança dos Estados que se encontram entre a Europa Ocidental e a Rússia afeta a segurança da América". Ou seja, a ideia da OTAN de conter a URSS foi reformulada e a organização é usada, a partir de então, como uma ferramenta política para expandir as fronteiras do mundo ocidental, o que pressiona as fronteiras da Rússia e causa desagravo (Zbigniew Brzezinski, 1995). Ela se transformou em uma aliança militar voltada para promover a democracia política e a economia de mercado entre os países ex-comunistas, e assim inicia seu processo de expansão para o leste da Europa. A Rússia, então, passou a desconfiar que a OTAN, na realidade, buscava um enfraquecimento do país em uma região na qual havia desempenhado um papel de protagonismo e liderança. (Dannreuter, 1999, Kubicek, 1999, Kassianova, 2002, e Smith, 2002 *apud* Mielniczuk, 2013)

Kosovo

Embora a guerra do Kosovo tenha se encerrado oficialmente em 1999, até 2005 foram registrados conflitos na região. Pelo menos cinco mil pessoas morreram. Hoje, ao visitar o "estado independente", é possível ver que uma anexação à Albânia é questão de tempo. A população é majoritariamente albanesa, o idioma é albanês e, desde a fronteira até Prizren, a primeira cidade visitada, bandeiras da Albânia tremulam a cada quilômetro da estrada.

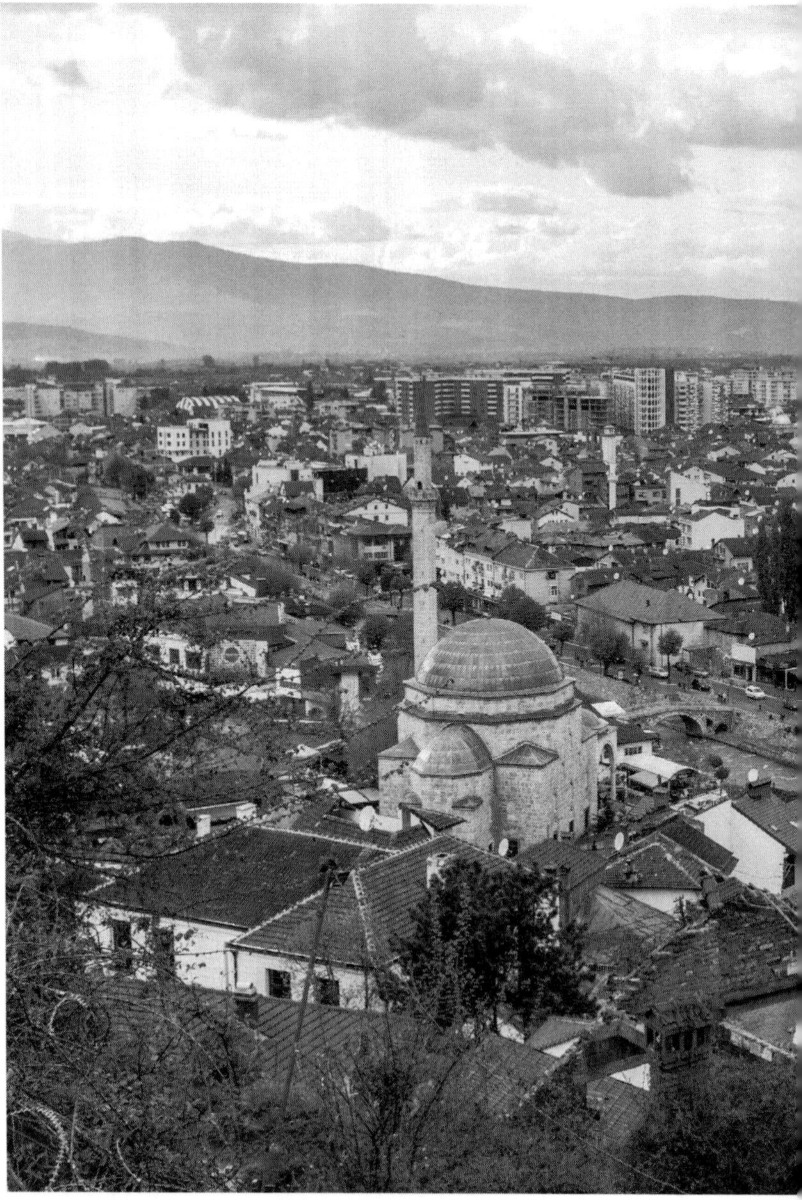

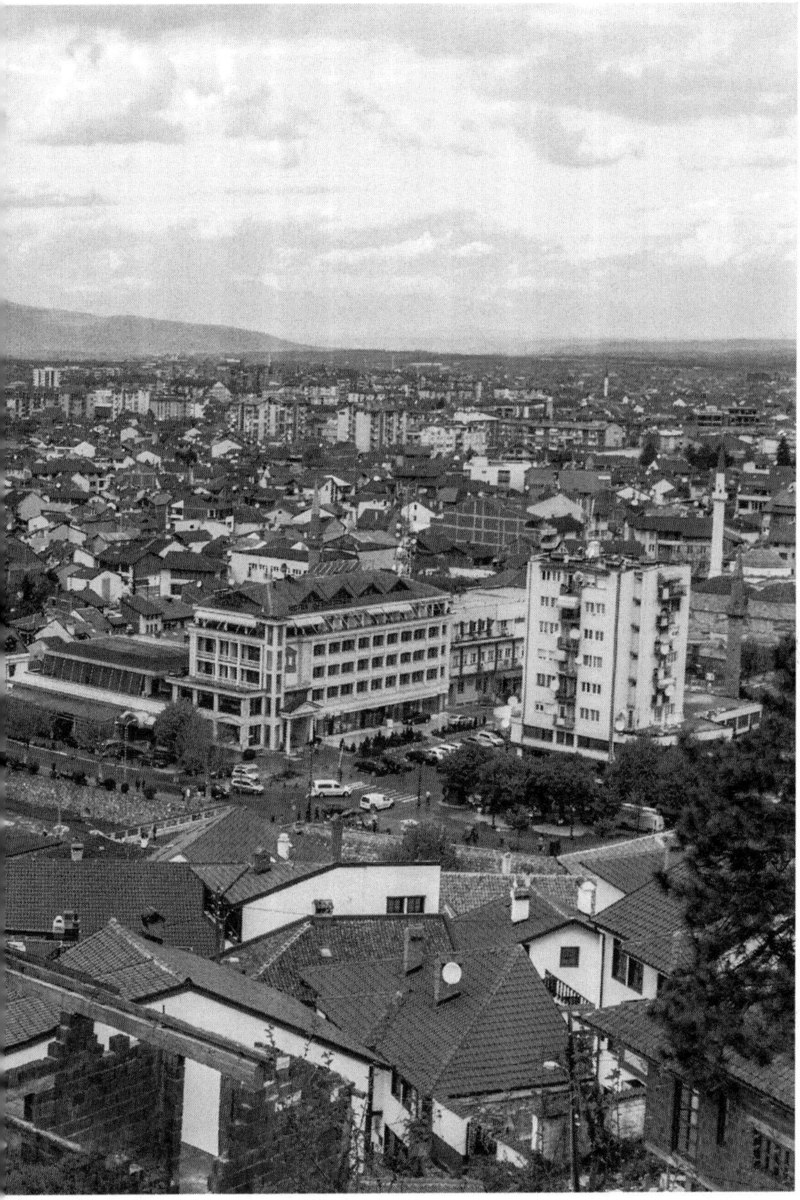

СПОМЕНИК УБИЈЕНИХ И КИДНАПОВАНИХ СРБА
ОПШТИНЕ ОРАХОВАЦ У ПЕРИОДУ ОД 1998 - 2000 год.

6 de abril
As cidades que não pensam no futuro

Decidi visitar dois enclaves sérvios no Kosovo. Logo cedo desci até uma pequena locadora de carros, localizada sob o hostel onde me hospedava. Eram três albaneses e nenhum falava inglês, mas cada um entendia uma parte da conversa. Por fim, consegui resolver o assunto. Quando entrei no veículo e tentei ligar: nada. Ele não pegava. Precisei repetir todo o processo para a troca de carro. Esse, enfim, mesmo com uma folga gigante no acelerador e com a primeira marcha sem funcionar direito, pegou. Segui, sem mapa, sem GPS e sem telefone, para Velika Hoca. O pequeno vilarejo ficava a cerca de 40 quilômetros de Prizren. Acabei pegando uma estrada secundária pelo caminho, mas logo me encontrei e, em pouco mais de quarenta minutos, estava lá. Havia quatro pessoas em uma espécie de praça principal. Consegui conversar com um padre, que não tinha autorização para falar sobre o local, mas me indicou Bojan Nakalamic, dono do bar e que falava inglês.

Bojan Nakalamic viveu em cinco países sem sair de casa. Além de lembranças ruins, as guerras nos anos 1990 entre as ex-repúblicas iugoslavas criaram crises de identidade.

Eu nasci na República Socialista Federal da Iugoslávia. Depois, vivi na República Federal da Iugoslávia, em seguida, na Sérvia e Montenegro, na Sérvia, e agora no Kosovo. Até agora. Nunca se sabe.

Nakalamic gostava de futebol. Mas a vida fez de tudo para desanimá-lo.

"Se for para escolher algum, escolho o Estrela Vermelha. Ele [o amigo na mesa de trás] ainda perde tempo com isso".

"Petkovic!", disse o homem, se referindo ao fato de eu ser brasileiro.

"Ele fez mais sucesso no rival do meu time, mas é bem lembrado por onde passou", confessei.

O bar onde conversamos é pequeno. Tão pequeno quanto a cidade de Velika Hoca. Muito maior é a importância do vilarejo na circunstância política da região.

Velika Hoca é um enclave sérvio em Kosovo. Cercado por albaneses (maioria da população kosovar), eles lá usam a escrita em cirílico (mesmo alfabeto usado na Sérvia), fazem negócios em dinar sérvio e são cristãos ortodoxos. Sua população, hoje, é menos da metade da contabilizada antes da guerra que afetou a região, em 1999. Pouco mais de 700 pessoas vivem lá.

"Hoje, o que temos aqui não é vida. É sobrevivência", lamentou Nakalamic. "Planejamos para hoje, no máximo, amanhã. Nunca para a frente. Mas sou orgulhoso da minha cidade. Vivi na Sérvia por cinco meses após a guerra. Mas aquilo também não era vida". E completou: "Somos muito confusos. Sérvios e albaneses. E compartilhamos do mesmo problema: a economia."

Dono de um pequeno bar, o comerciante já foi um dos líderes do partido radical na região:

"Meu nome ainda está lá, mas me envolvo pouco."

Seu candidato, Vojislav Seselj, terminou em quinto lugar, com quase cinco porcento. Aleksandar Vucic, do Partido Progressista, antigamente ligado a Seselj, venceu no primeiro turno. E sua eleição causou uma onda de protestos no país.

"Isso é uma palhaçada. Todo mundo que está protestando teve direito ao voto. Se a diferença fosse pequena, tudo bem protestarem. Mas ele venceu com quase 55%, contra 16% do segundo colocado", criticou.

Ђорић Ђорђе
1970-1998
Ђиновић Душко
1959-1998
Јефтић Милица
1933-1999
Банзић Спаса
1951-1998
Бурцић Миодраг
1949-1998
Николић Цветко
1981-1998
ИЗБЕГЛИЦЕ ИЗ ХРВАТСКЕ
Беговић Никола
1950-1999

Nakalamic segue a vida com calma. Mas não consegue garantir que o futuro será tranquilo.

"Hoje, a guerra acabou. Mas quem sabe? Somos os Bálcãs, podemos esperar qualquer coisa. Lembra do Velho Oeste americano? Ele existe aqui até hoje".

Perguntado sobre o que deseja para seus filhos, ele é direto: "Espero que eles continuem lutando. A vida é uma luta".

Ele me oferece uma coca-cola e recusa o pagamento. Prometo-lhe, então, um livro do projeto.

"Vou escrever meu endereço. Mas não sei o código postal. Nem para isso eu sei se vivo no Kosovo ou na Sérvia". Ele ri.

Kosovo declarou unilateralmente a independência em 2008.

Visoki Decani

Agradeci a bebida e a conversa e fui para Visoki Decani. No caminho, um pequeno detalhe sobre a divisão ainda muito presente no Kosovo. Todas as placas da estrada são escritas em sérvio e albanês e quase todas, pelo menos naquele trecho, tinham o nome em sérvio vandalizado. Era uma pequena demonstração dos mais radicais em mostrar que ali nada tinha de Sérvia.

Chegando em Decani, mais mostras de que a segurança ainda é um problema no Kosovo. O local é cercado por tropas da OTAN desde a guerra e é um dos mais sagrados para os cristãos ortodoxos da Sérvia. O mosteiro é preservado pela Unesco e considerado patrimônio da humanidade. Para conseguir acesso, há um pesado esquema de segurança: barreiras no caminho, com guaritas lotadas de soldados. Na porta, carros militares e um novo posto de controle. Lá dentro reinava uma paz que ninguém do lado de fora poderia suspeitar.

Lá está uma das raras pinturas de Jesus segurando uma arma. Fica na parede do mosteiro Visoki Decani, no Kosovo. O local, construído há cerca de 700 anos, foi alvo de ata-

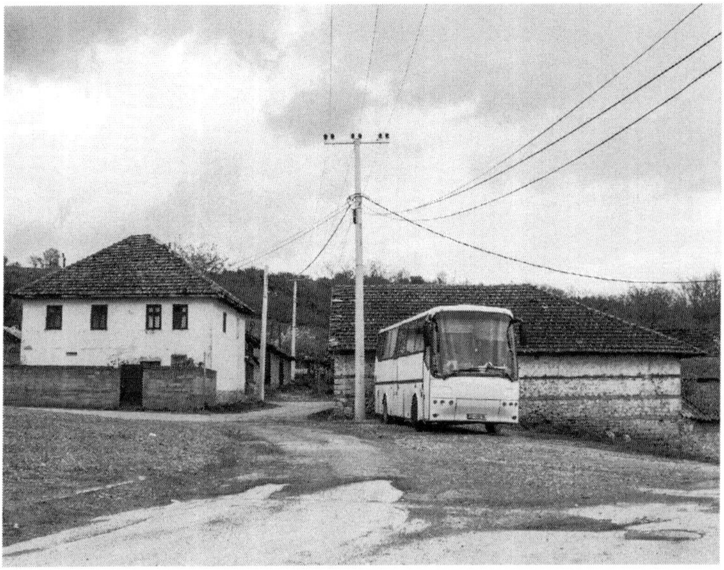

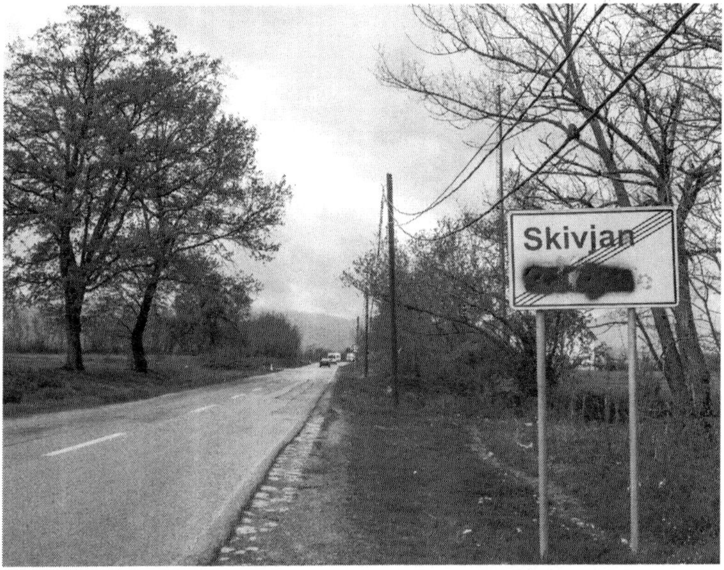
Skivjan

ques desde que o conflito se acirrou na região. Curiosamente, essa imagem de Jesus com a espada fica em uma região onde a guerra e seus fantasmas estão muito presentes. Por outro lado, a espada tem outro sentido, o de cortar o pecado do homem. Um dos responsáveis pelo lugar, Sava Janjic, disse que, por conta de "problemas recentes", ele está proibido de falar sobre política. Em 2008, Janjic afirmou esperar que os ataques ao local fossem atos apenas de uma minoria. Mas seu receio era de que essa minoria estivesse muito bem equipada. Para ele, os ataques a símbolos sérvios diziam muito sobre a vontade das milícias albanesas: o de expulsá-los dali.

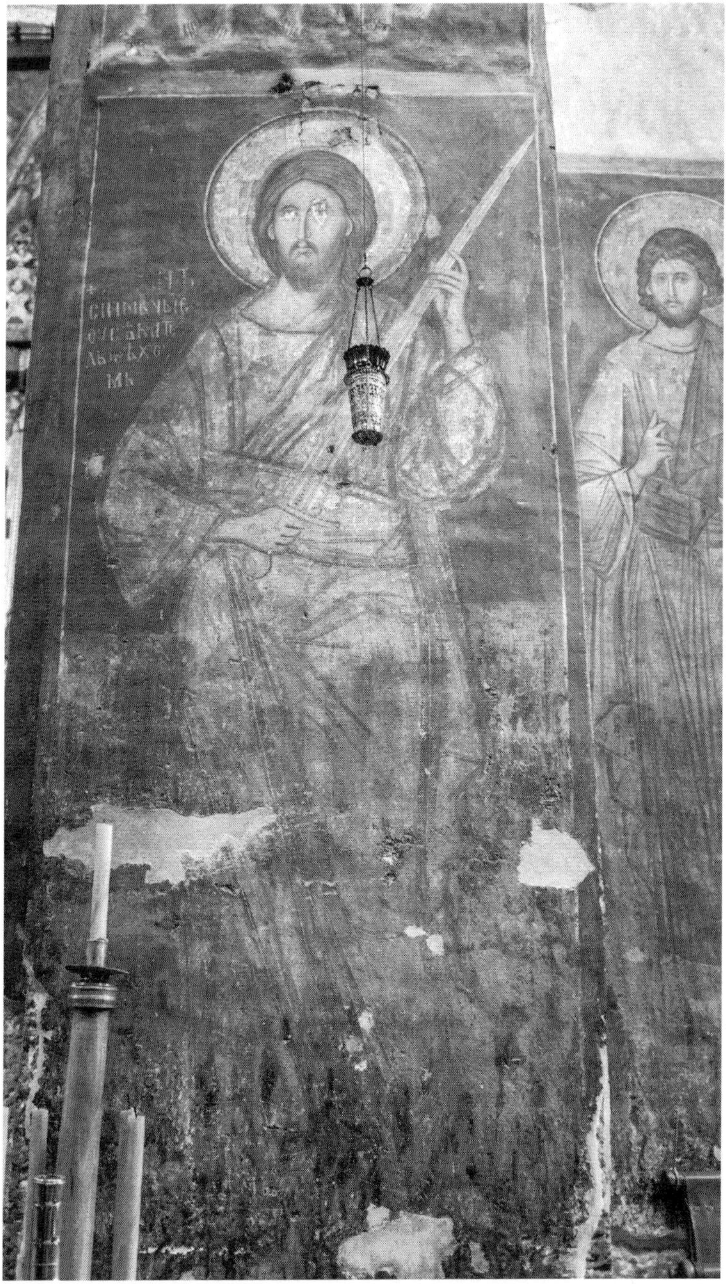

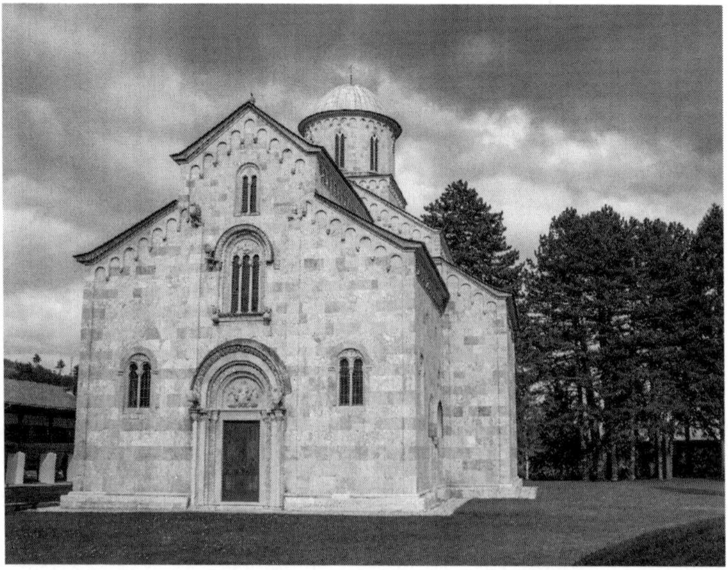

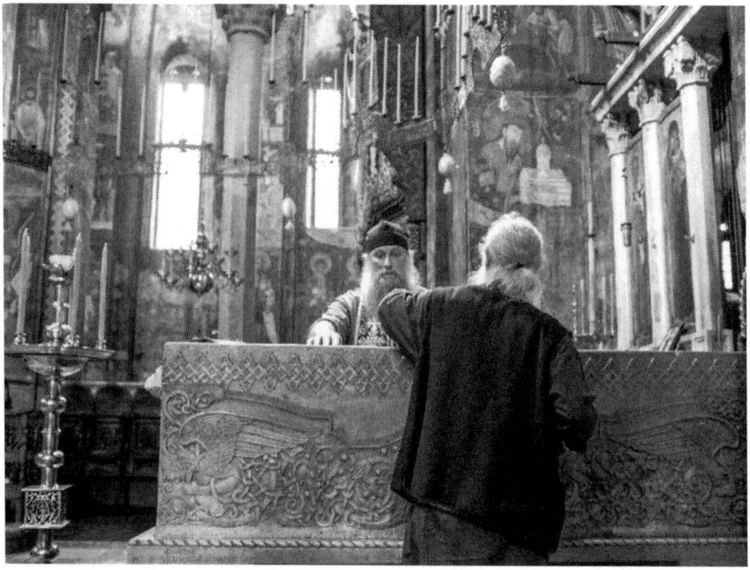

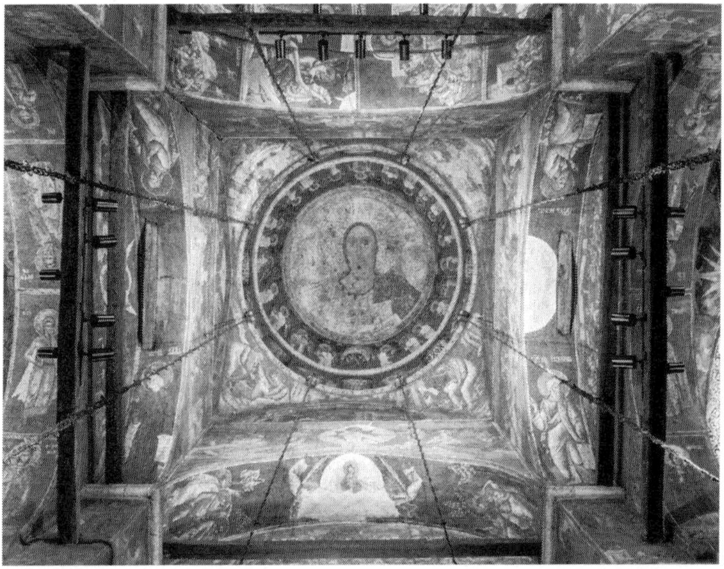

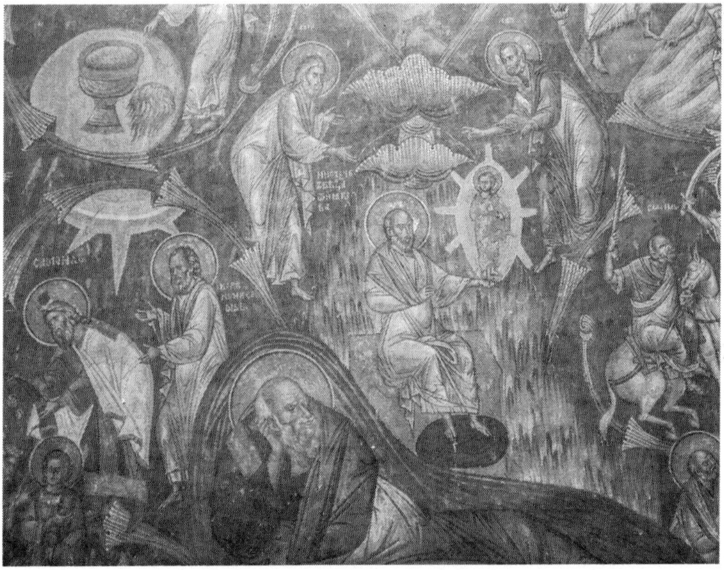

NEGOCIATA
TEVENDOSJE!

BILL CLINTON

7 de abril
"*Clintonville*"

Logo cedo fui a pé até a rodoviária, que mais parece um estacionamento. Perguntei qual dos ônibus iria para Pristina e entrei no primeiro que vi. A viagem era curta, pouco mais de 80 quilômetros, mas extremamente cansativa. O ônibus sai relativamente vazio de Prizren e, a quatro euros a passagem, não compensaria ir assim até a capital. Por isso, ele para em todos os pontos da estrada. Que eu tenha contado, foram 53 paradas. E cerca de duas horas de viagem.

Chegando em Pristina é possível ver uma bandeira imensa da Albânia. Viajando pelo território se torna evidente que o país Kosovo, reconhecido por parte da comunidade internacional (mas não pelo Brasil), é na verdade a Albânia.

Não há nada de interessante em Pristina. É uma cidade feia, sem atrativos. Há diversas referências à família Clinton: uma estátua de Bill, responsável pela "liberação do país", ao liderar o ataque à Sérvia, e uma avenida com seu nome. Tem ainda um *banner* enorme com sua foto, e uma loja chamada Hillary.

A ex-secretária de Estado dos EUA Madeleine Albright menciona em sua biografia um diálogo que teve com o presidente Clinton, quando do início dos bombardeios da OTAN:

Estava quase dormindo quando o telefone tocou. Era o presidente [Clinton]. Ele disse, "Estamos fazendo a coisa certa aqui. Isto não acabará rapidamente, mas eu realmente acho que tentamos todas as alternativas"'. "Sim, presidente, estamos", respondi. Por conta destas decisões, muito contestadas à epoca, Clinton é uma espécie de "herói estrangeiro" do Kosovo. Pelo menos na capital.

Pristina sofre uma ligeira inflação de preços em relação aos vizinhos. Há muita gente de órgãos internacionais no país e, por incrível que pareça, lá paguei o maior valor por um quarto de hotel em toda a viagem. Foram 36 euros por dia, com direito a café e banheiro individual. Em uma das praças principais da capital estava hasteado um *banner* chamativo. Era a imagem de Ibrahim Rugova, primeiro presidente do Kosovo. Foi líder do governo de 1992 até 2006, quando morreu de câncer. Durante a guerra, em 1999, foi capturado por Milosevic e depois liberado.

Um fato curioso sobre a Albânia/Kosovo: mesmo na lista dos países mais pobres da Europa, os dois têm um número desproporcional de Mercedes pelas ruas. A explicação para isso é a intensa emigração de albaneses após a queda do comunismo, especialmente para a Alemanha. Toda vez que voltavam ao país, vinham com um carro novo para revender. Há também, segundo o governo afirmou em 2016, um número enorme de carros roubados no exterior que chegavam ao país com a documentação completa, e não havia nenhum tipo de rastreamento da origem. Hoje, são tantas Mercedes espalhadas, que boa parte da frota de táxis é formada por modelos clássicos das décadas de 1970 e 1980.

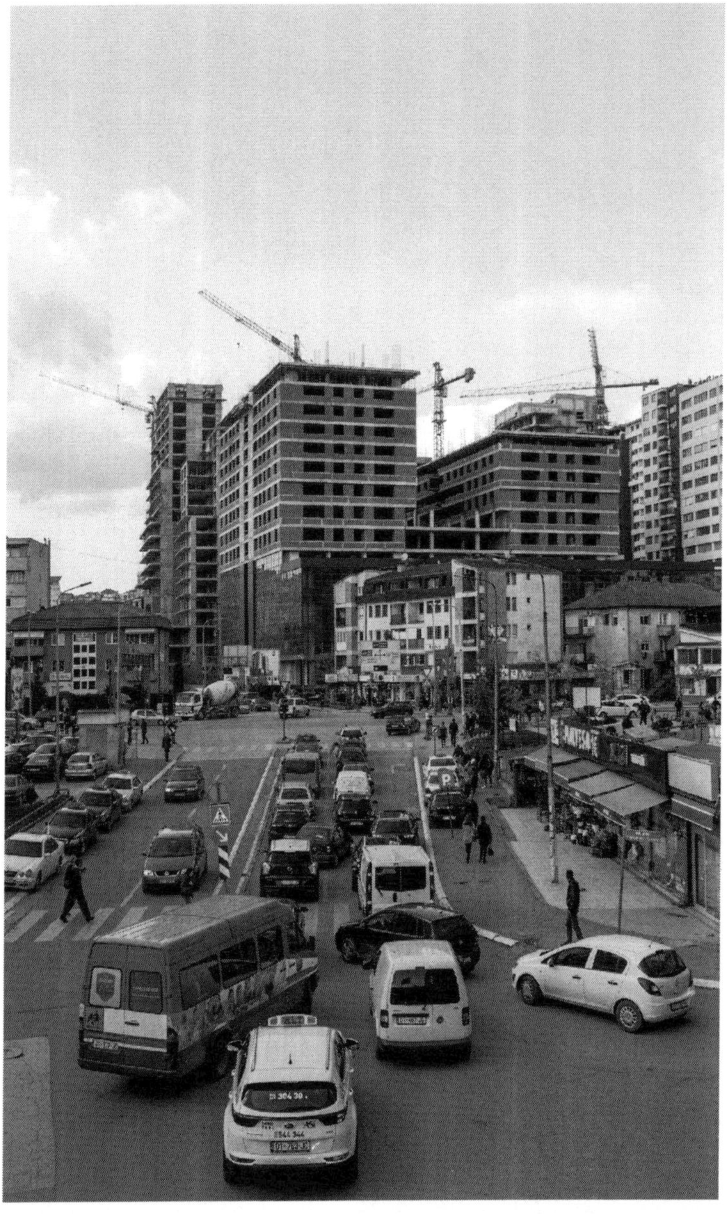

U ËSHTË
UKSHIN
HOTI
?

KU UKSHIN
ËSH HOTI
rrisi
HIK-ut
Mc Donald's
donator i SHIK-ut
DUDI

PËR ASTRITIN
DREJTËSI për ASTRITIN

EDI CLUB
EXPRESSO
FLIPPER
225
223

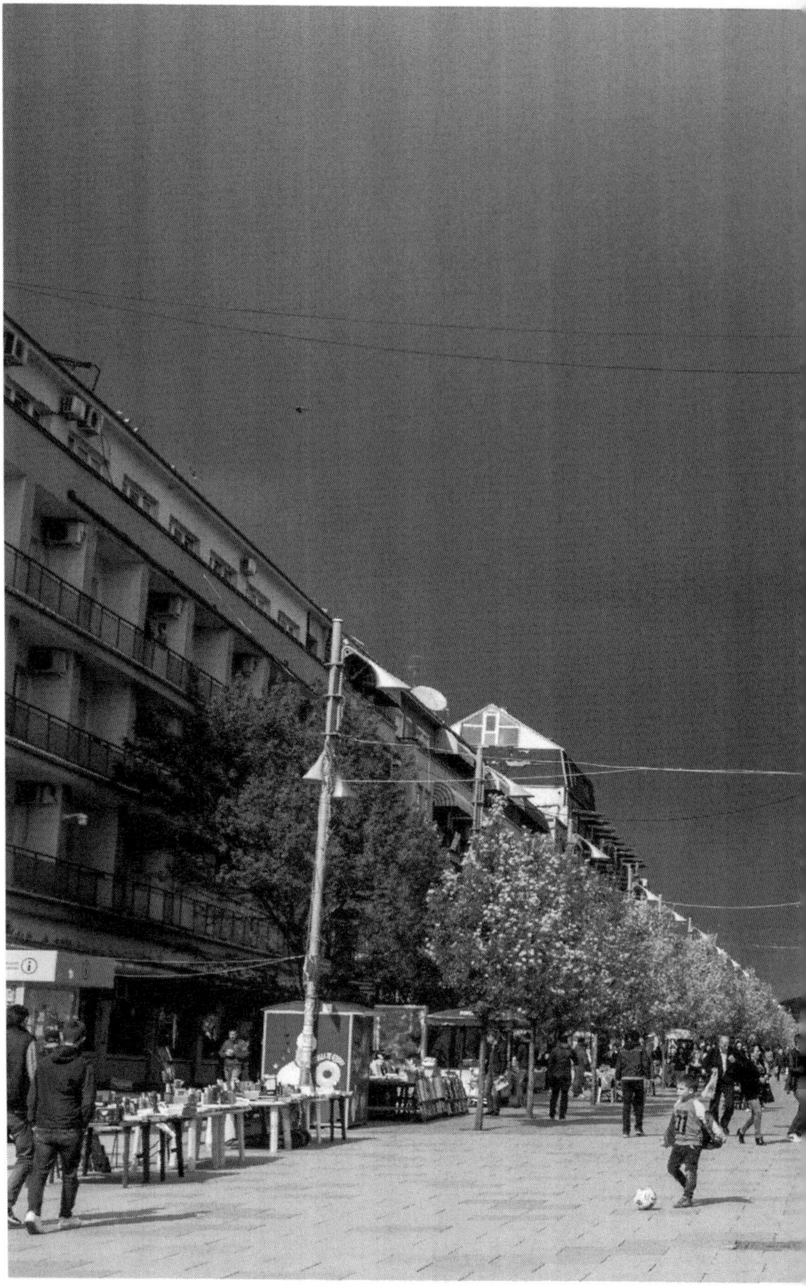

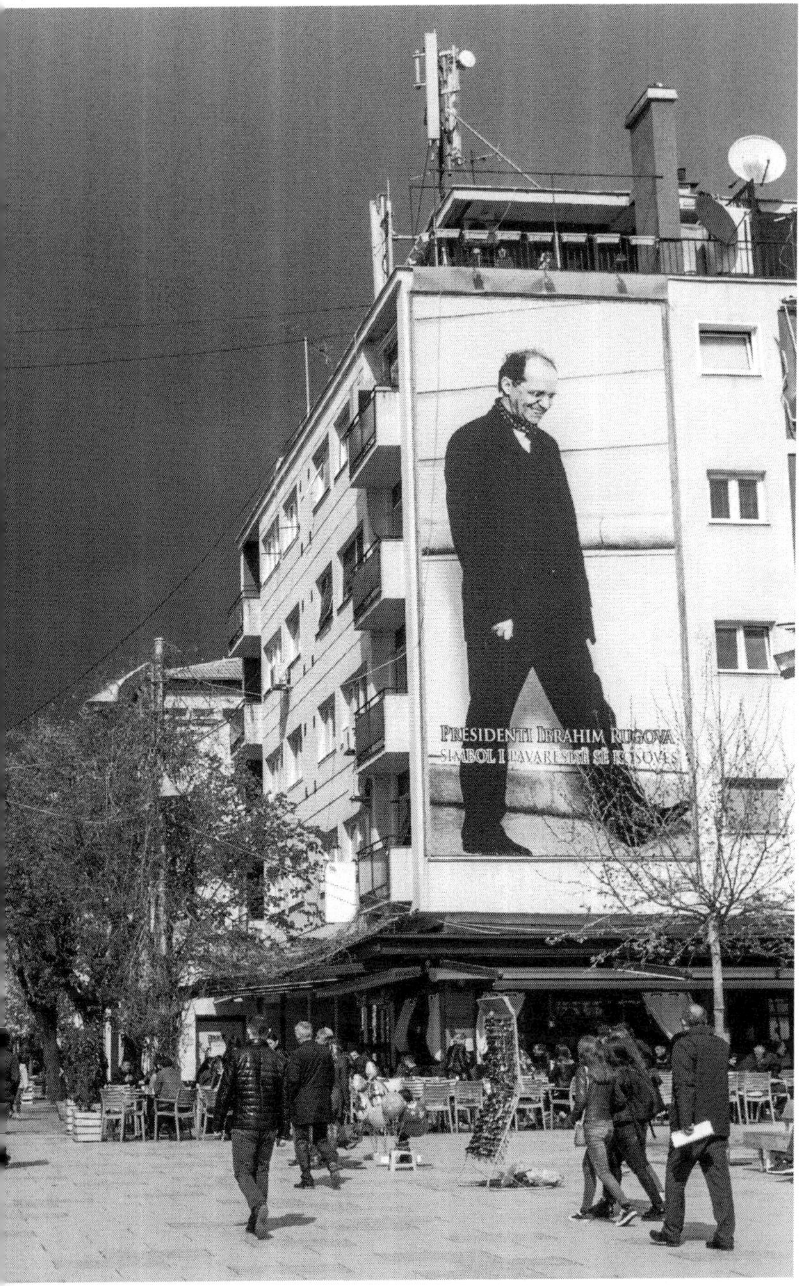
PRESIDENTI IBRAHIM RUGOVA
SIMBOL I PAVARËSISË SË KOSOVËS

8 de abril
Mitrovica, cidade partida

Andei até a estação de ônibus, mas o transporte "oficial" para Mitrovica não estava funcionando naquele sábado. Precisei atravessar a rua e, aí sim, consegui. O veículo era precário e estava lotado. Os recados em alemão de "não fale com o motorista" e "verifique as portas" deixavam claro a origem do veículo. Custou pouco mais de um euro para visitar a cidade mais dividida de todo o país. Mitrovica tinha muros separando um lado do outro, até fevereiro de 2017, quando foram postos abaixo. O que não quer dizer muita coisa. O rio e uma ponte pela qual não passam carros mantêm a separação. Cheguei no lado albanês: caótico, sujo e muito pobre. Ao cruzar a ponte, uma nova moeda, um novo alfabeto e um clima menos festivo, digamos assim. Mitrovica é outro principal foco de resistência sérvia dentro do Kosovo. Velika Hoca e Visoki Decani completam essa lista.

Não havia felicidade em Kosovska Mitrovica, como é chamado o lado sérvio da cidade. Ela exala tristeza. A impressão é de que o lugar está e continuará parado no tempo. É, em proporções menores, a mesma sensação que tive em Hebron, na Cisjordânia: a de que nada vai mudar. Depois de algumas fotos, tentei conversar com um punhado de pessoas, sem muito sucesso. Um dos passantes disse que vivera ali a vida toda e ali morreria. Não há como ser ousado nas palavras em Mitrovica.

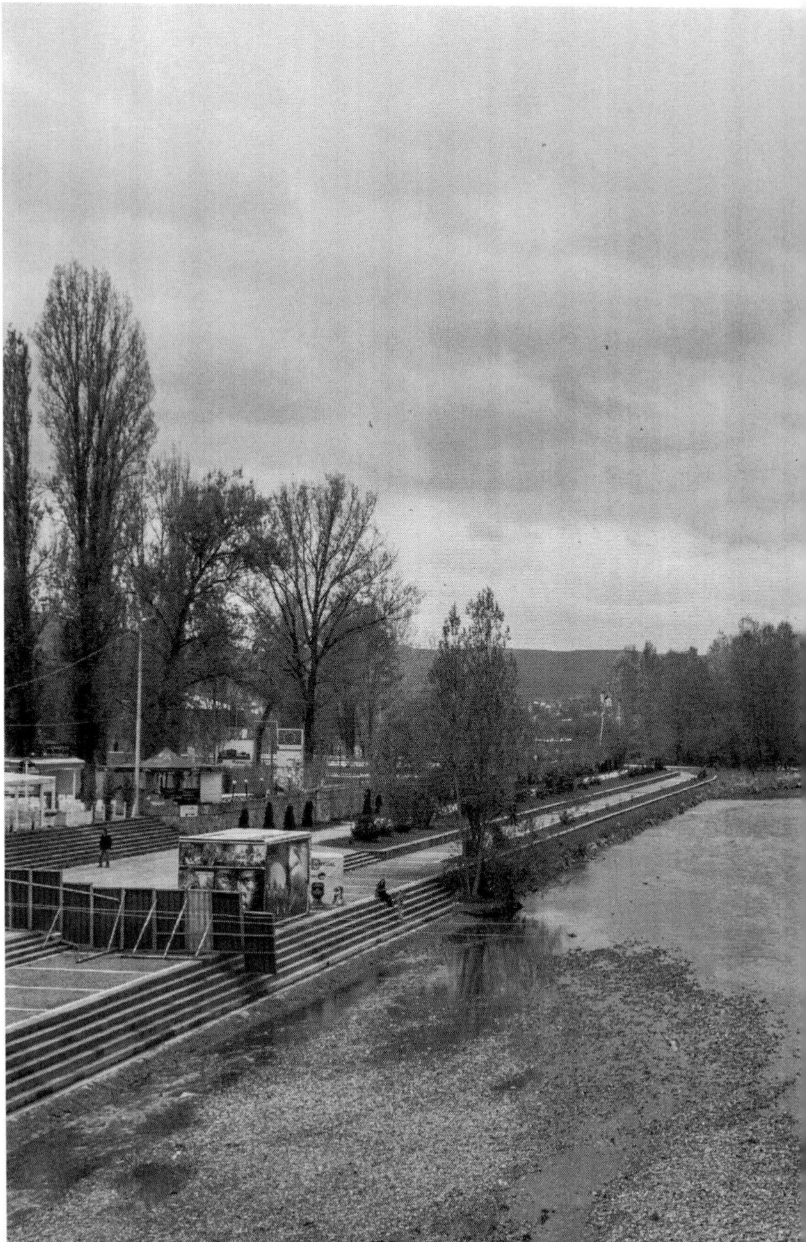

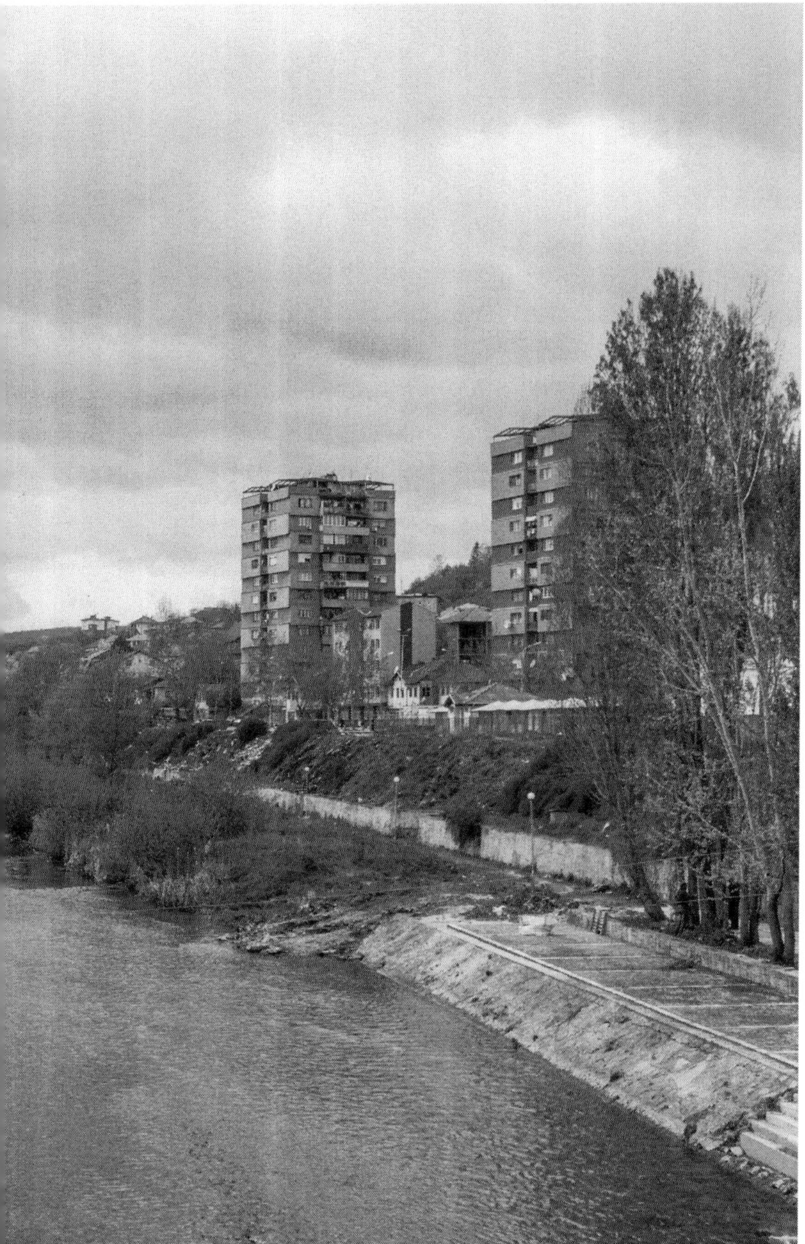

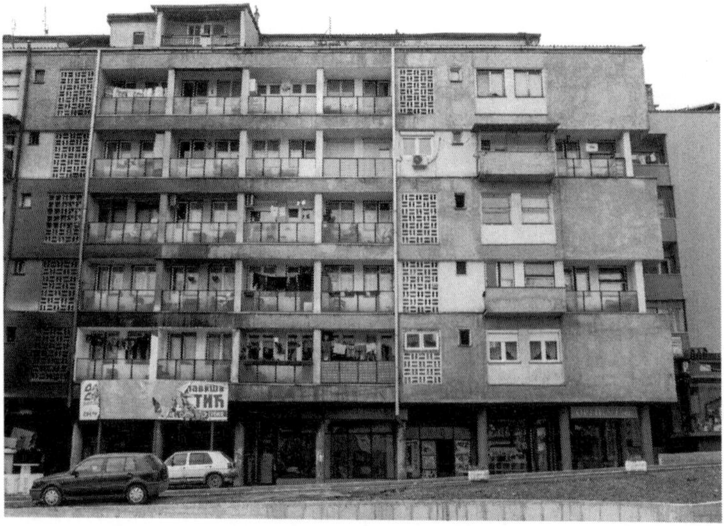
ТИЋ

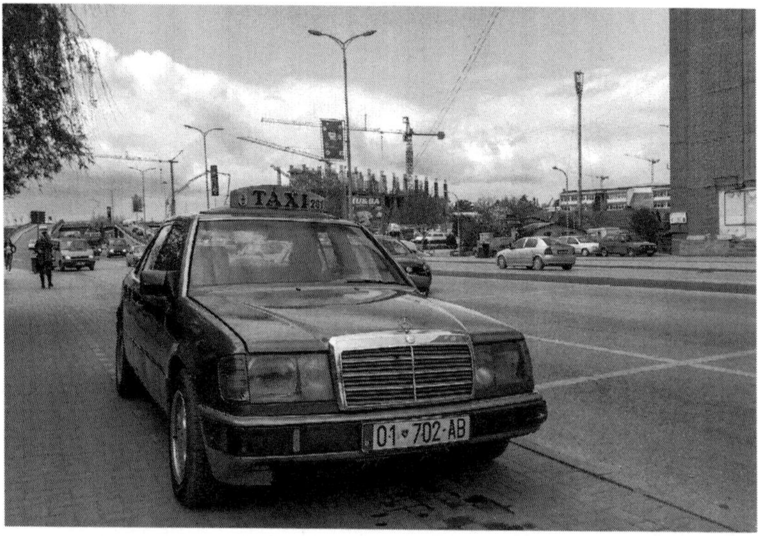
TAXI
01 702-AB

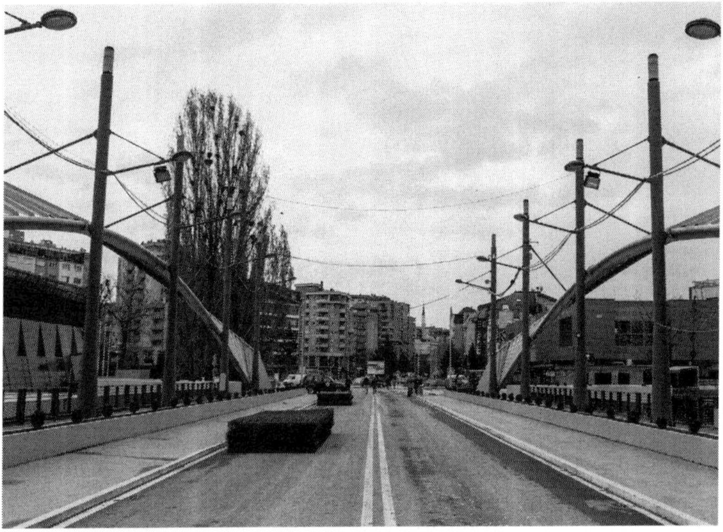

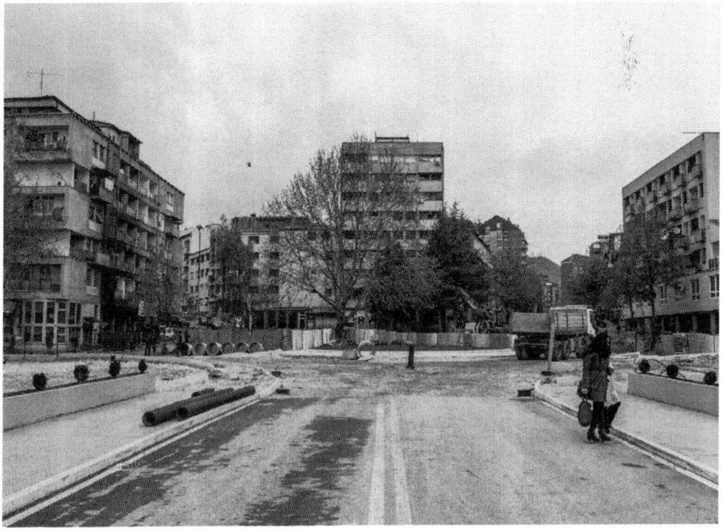

6.
AV Александар Вучић
...Јер одавде нема наза.
овска Митровица

E.U.L.E. GO HOME
OSF

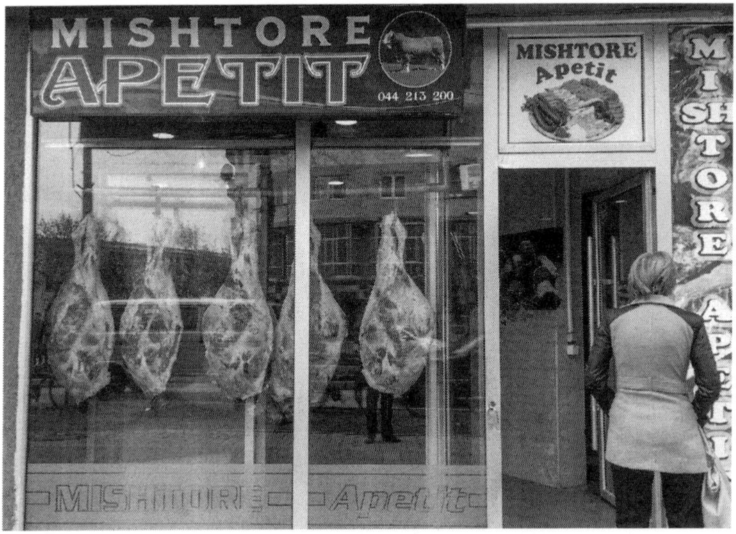
MISHTORE
APETIT
044 213 200
MISHTORE
Apetit

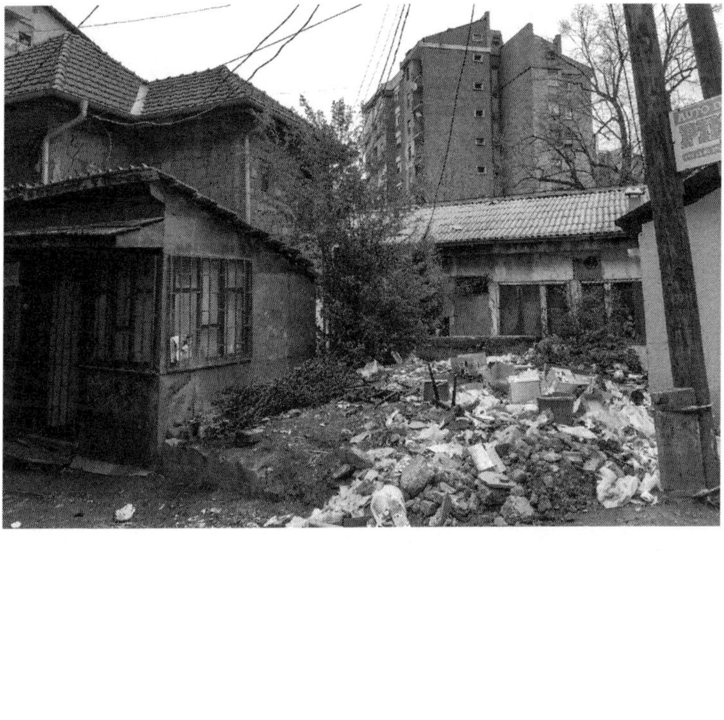

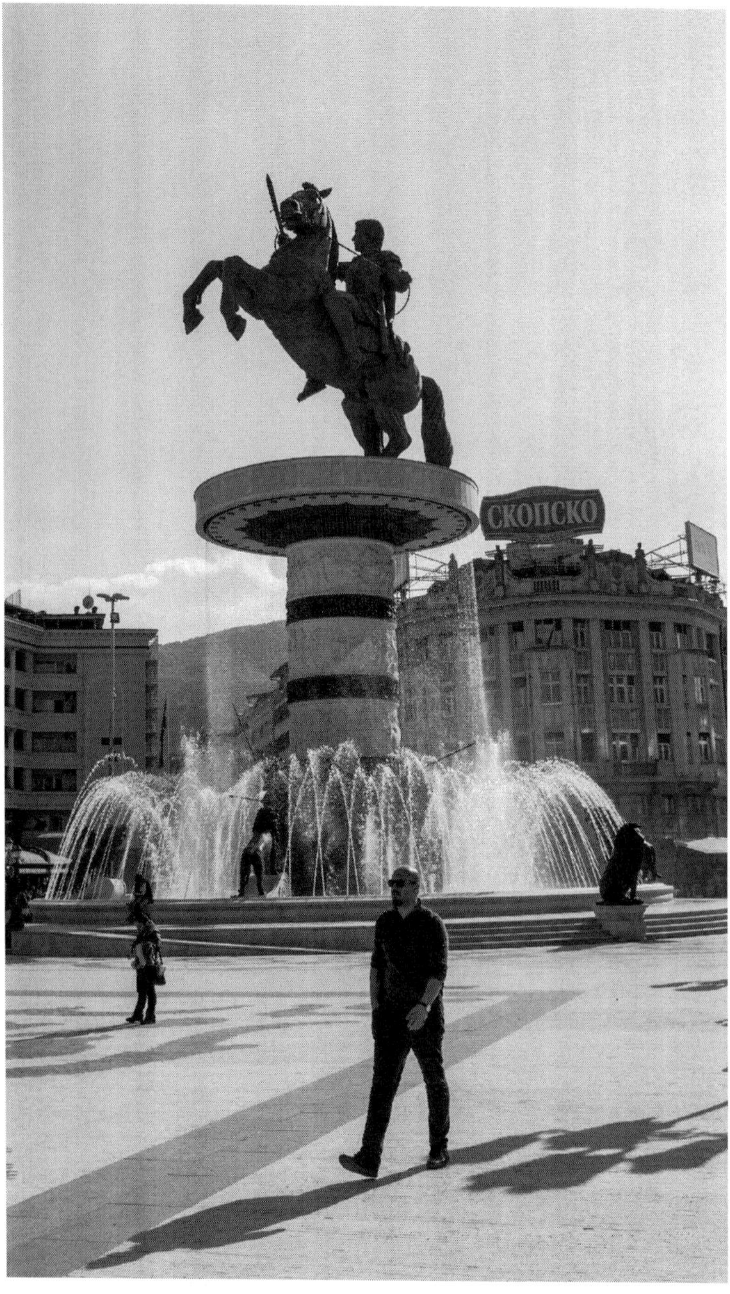
СКОПСКО

9 de abril
Skopje, a cidade de Alexandre que não é

A rodoviária de Pristina aos domingos é praticamente abandonada. Comprei o bilhete para Skopje no único guichê aberto. O ônibus que partiria em cinco minutos estava lotado, tive que esperar mais duas horas para viajar. O percurso correu bem até a fronteira, quando ficamos uma hora na fila. Ao chegar nossa vez, um policial entrou no veículo, pegando passaporte por passaporte. Cerca de dez minutos depois, outro entrou e chamou todos os albaneses, que eram uns quinze, cerca de um terço dos passageiros. Tiveram que descer e formaram uma fila lá fora. Foram voltando aos poucos, mas quatro deles foram impedidos de seguir viagem. Não soube o motivo mas, há alguns anos, Macedônia e Albânia estão com as relações diplomáticas abaladas. Por causa do projeto da "Grande Albânia", o país vizinho tem, basicamente, tomado para si algumas regiões da Macedônia. Eles são maioria, conseguem eleger seus candidatos e têm demandado autonomia. O problema piorou, pouco mais de uma semana após minha passagem pela cidade, quando um grupo nacionalista invadiu o parlamento macedônio e espancou deputados de origem albanesa, no dia em que um deles foi eleito presidente da Câmara. Em 2001, uma guerra civil quase foi adiante, na Macedônia, devido a uma minoria albanesa que se insurgiu contra o governo.

Andando por Skopje o que se vê é uma cidade completamente modificada. Na década de 1960, após um terremoto que destruiu mais de oitenta porcento dos prédios, a capital da então "República Socialista Iugoslava da Macedônia" cresceu nos moldes da arquitetura comunista. De menos de uma década para cá, o que se vê é um governo nacionalista tentando criar uma Macedônia que não existiu. Por conta de uma obsessão por Alexandre, o Grande, o país tem tentado vincular sua história ao antigo imperador da Macedônia — mesmo ele tendo nascido no território que hoje pertence à Grécia e que também chama-se Macedônia.

A capital Skopje tem, então, diversas construções com estilo antigo que na verdade têm pouco mais de cinco, dez anos. Após a separação da Iugoslávia, essa modernização aumentou. Hoje, Skopje é uma espécie de Las Vegas da Europa. Uma mistura de história e cafonice. Uma estátua gigantesca, que seria do antigo rei da Macedônia, foi colocada na principal praça da cidade, em 2012. Mas ela não pode ser chamada de Alexandre, o Grande, porque seria rechaçada pela Grécia que, por sinal, não reconhece o nome do país como República da Macedônia, mas como FYROM: *Former Yugoslavian Republic of Macedonia*, (Antiga República Iugoslava da Macedônia). Essa foi a condição para o país vizinho aceitá-la na Organização das Nações Unidas. Eu não planejava ficar por muito tempo em Skopje, que é desinteressante e pouco relevante na desintegração da Iugoslávia. Porém, com o crescimento da questão albanesa, o foco nos Bálcãs voltou-se para lá.

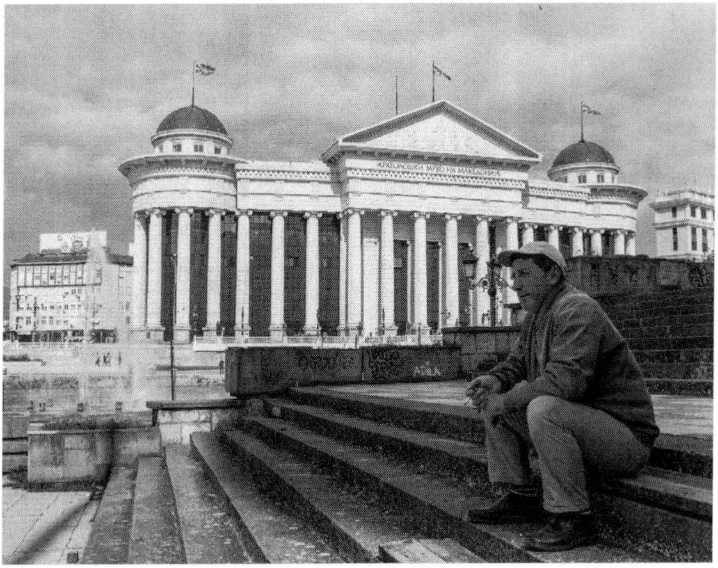

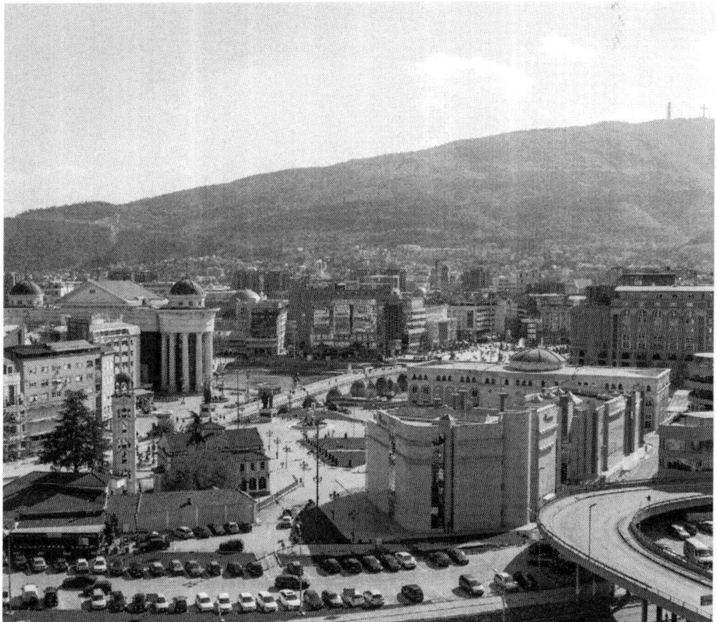

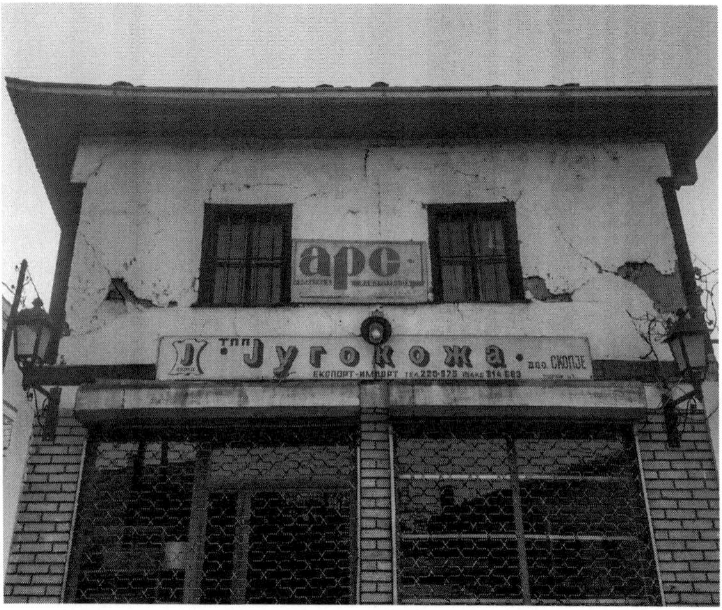
аре
ТПП Југокожа
ДОО СКОПЈЕ
ЕКСПОРТ-ИМПОРТ

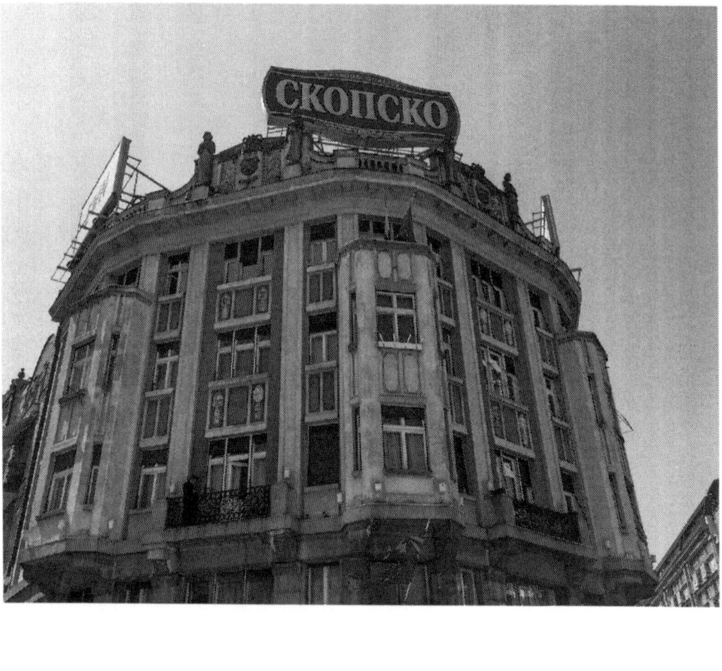
СКОПСКО

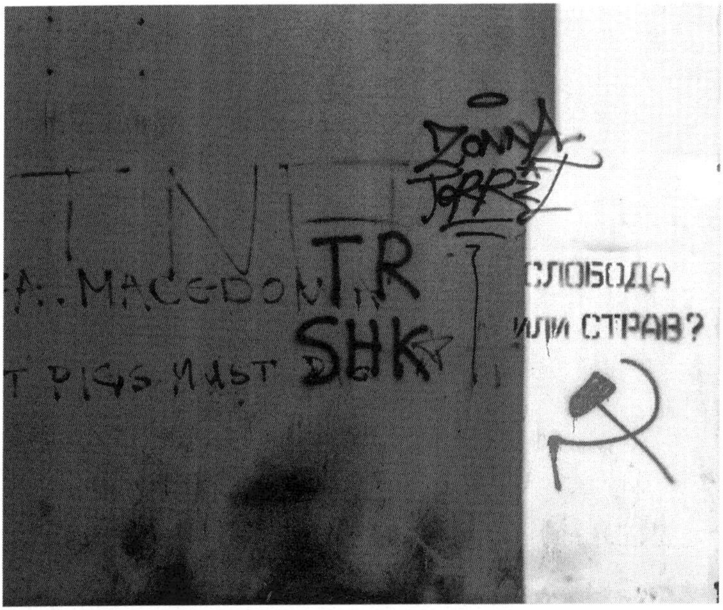
MACEDON
TR
SHK
СЛОБОДА
ИЛИ СТРАВ?

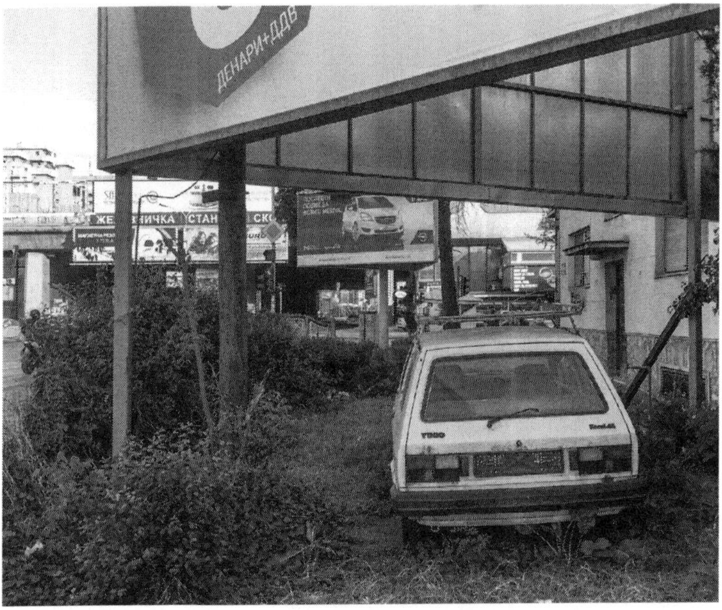
ДЕНАРИ+ДДВ

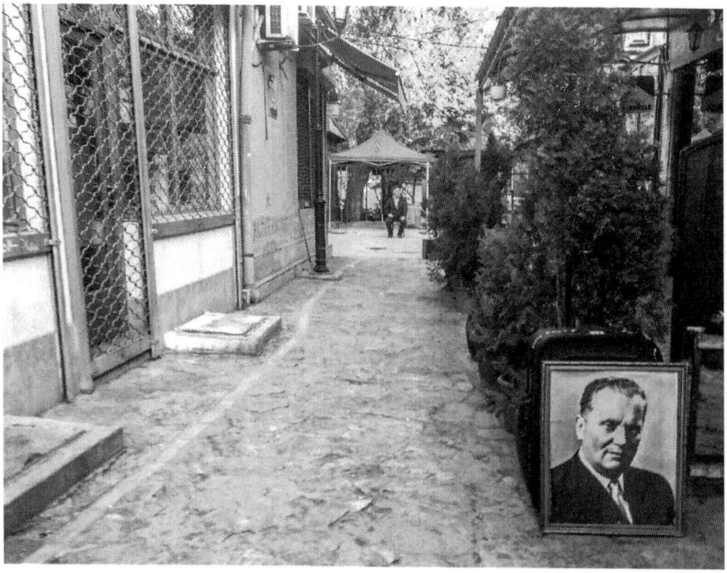

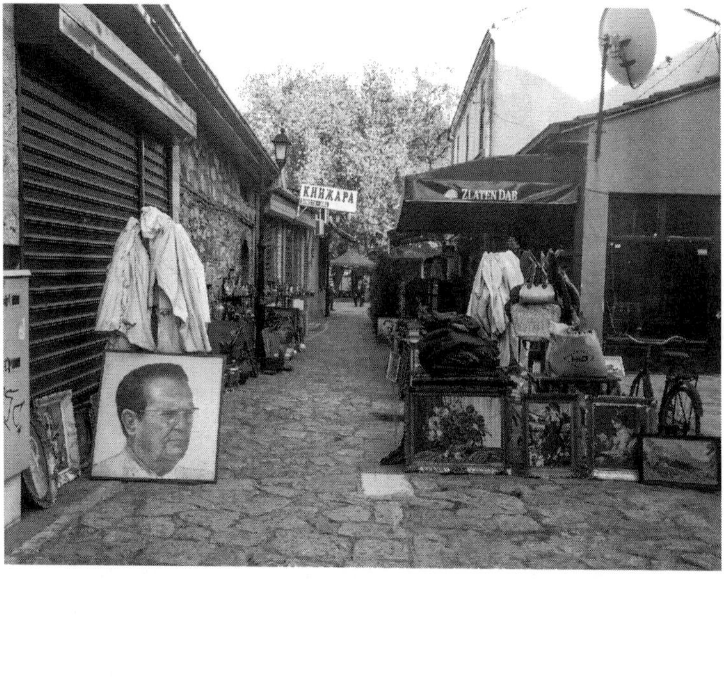
КНИЖАРА
ZLATEN DAB

10 de abril
*Enver Hoxa era um ditador
que faz Tito parecer uma avó*

Entreguei logo cedo a chave do quarto e, enquanto esperava para ir a estação, conversei com um hóspede do apartamento que também fazia hora. Ele falava inglês com sotaque britânico e me perguntou de onde eu vinha. Logo em seguida, fez cara de espanto e quis saber o que levava um brasileiro para a Macedônia. Contei sobre o projeto e ele questionou se eu visitaria a Albânia. Em seguida me contou ser albanês. Disse-lhe que havia visitado, já que vinha do Kosovo:

"É... Kosovo não é Albânia, mas é muito daquilo que a Albânia tem na essência: problemas. No fundo, é... podemos chamar de Albânia."

Disse que o que não faltavam eram referências ao vizinho.

"A Albânia é como uma pátria-mãe do Kosovo."

Perguntei o que ele achava do não reconhecimento por parte da Sérvia.

"Acho que é uma questão difícil. Nós temos gente lá, eles têm história."

A conversa seguiu e questionei o que ele achava sobre o fim do comunismo na região.

"O regime foi um desastre na Albânia. Quem dera tivéssemos um Tito. Enver Hoxa era um ditador que fazia Tito parecer uma vovozinha. Mas a Albânia, ainda assim, conseguiu piorar depois disso. O ano de 1997 foi caótico, por exemplo."

A Albânia passou por um período de anarquia, em 1997, quando um conflito civil tomou conta do país e o governo perdeu totalmente o controle da população.

O hóspede (vou chamá-lo assim por razões que logo se verão) também contou sobre a relação de seu país com a Macedônia. "Tudo envolve corrupção. Os dois países sofrem com isso. E a questão entre os dois é muito mais sobre o domínio do poder em determinados lugares que qualquer outra coisa. Você teve problemas para cruzar a fronteira?"
Respondi que o ônibus passou por problemas, mas comigo nada havia acontecido.
"Eu vim ontem de Pristina. Moro em Londres, mas viajo muito para cá a trabalho. Demorei quatro horas na fronteira e só saí após pagar 100 euros de propina para os guardas, porque já não aguentava mais."
Ele precisou sair. Perguntei seu nome, mas ele pediu que não o identificasse, já que fazia aquele caminho várias vezes por ano.
Fui para a rodoviária. Entrei no ônibus para Sofia. Como havia ganhado dois dias por não ter visitado Tirana, na Albânia, decidi aproveitar o tempo livre para colocar as anotações em dia. No caminho de Skopje para Sofia, na Bulgária, o ônibus passa por Kumanovo, ainda na Macedônia, onde, em 2015, pelo menos 18 pessoas foram mortas em ataques do Exército de Libertação Nacional, formado por albaneses. Cerca de dez policiais e oito membros do grupo morreram. A polícia macedônia agiu e 28 pessoas ligadas à organização foram presas. A partir de então, a relação entre os dois países entrou em estágio crítico.

12 de abril
Ovo je zemlja za nas

Saí cedo de Sofia. Em cerca de quatro horas estava em Nis. Mais uma vez, muito tempo na fronteira. Um ônibus à frente demorou mais de meia hora para ser liberado, na entrada da Sérvia. Fui direto da rodoviária para o hotel, mas logo saí para visitar a cidade e esperar pela manifestação contra o recém-eleito presidente Aleksandar Vucic. Nas andanças, enquanto o protesto não começava, fui parar em um lugar interessante. A primeira fuga de prisioneiros de um campo de concentração nazista aconteceu em Nis: no dia 12 de fevereiro de 1942, mesmo tendo sido traídos por um "amigo", 105 pessoas escaparam do *Crveni Krst koncentracioni logor* – campo de concentração da Cruz Vermelha. Após adiarem por diversas vezes a ação, naquela noite eles conseguiram imobilizar os guardas que faziam a ronda e seguiram para a parte de trás do campo. Mais de vinte morreram no contra-ataque dos alemães e um soldado perdeu a vida. Criado em outubro de 1941, mais de 30 mil pessoas foram feitas prisioneiras lá, e pelo menos 10 mil morreram ao longo dos três anos de existência do local, que deveria servir apenas como um campo de trânsito. Na colina de Bubanj, a cerca de 10 quilômetros do campo, foi criado um monumento para as vítimas. Em 1944, o campo de concentração foi liberado por *partisans* iugoslavos e, em 1967, transformado em museu. A parte externa segue bem preservada. Na época, existia somente o prédio principal, onde funcionava uma fábrica. Para evitar fugas, os alemães cercaram o local com arame farpado um muro. Além disso, construíram quartos do lado de fora para os soldados. Apesar de muito peque-

no, comparado a Auschwitz, por exemplo, é possível entender o nível de crueldade dos nazistas. Algumas celas eram tão úmidas que impediam as vítimas de dormir. Com as goteiras, ampliava-se ainda mais a tortura psicológica. Voltei a pé para a praça principal de Nis e passei por áreas que pareciam uma cidade fantasma. Casas abandonadas, alunos conversando em traves quebradas, chão de terra. Lá pelas cinco horas, começou uma forte movimentação na praça e começaram a surgir apitos e cartazes. Na primeira semana de abril, Aleksandar Vucic se tornou presidente na Sérvia. Atualmente, ele é primeiro-ministro e vem controlando todas as esferas de poder no país. Mesmo com 55% dos votos e vitória no primeiro turno, a população não aceitou sua eleição e, desde o dia seguinte à votação, ocupa as ruas das principais cidades sérvias. Os protestos não têm participação de partidos e o primeiro deles se dizia "contra a ditadura". Algumas das outras reivindicações são "eleições livres e justas, descentralização do poder, melhora nos direitos trabalhistas". Conversando com um sociólogo, ele afirmou que a votação foi manipulada e injusta, já que Vucic tinha 80% do tempo de TV, contra 20% para todos os outros. Além disso, a cobertura da mídia teria beneficiado o candidato eleito. Com cerca de duas horas, a marcha aconteceu sem violência. Pelo menos 300 pessoas participaram do ato. "Ovo je zemlja za nas" é o trecho de uma música da banda Ekatarina Velika, sucesso nos anos 1980 e 1990 na Iugoslávia, e significa "essa é a terra que nos foi dada". Esse era o cartaz que funcionava como abre-
-alas dos manifestantes.

МЕСАРА
Biftek
INDUSTRIJA MESA NIŠ
Купујте проверено
МЕСАРА

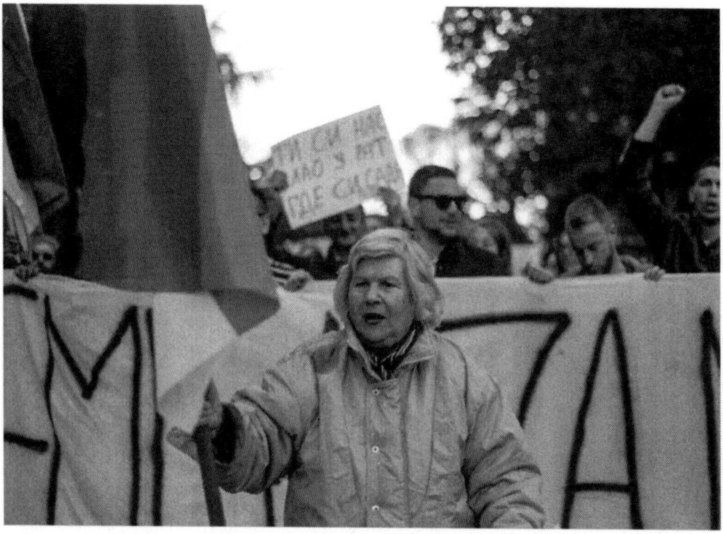

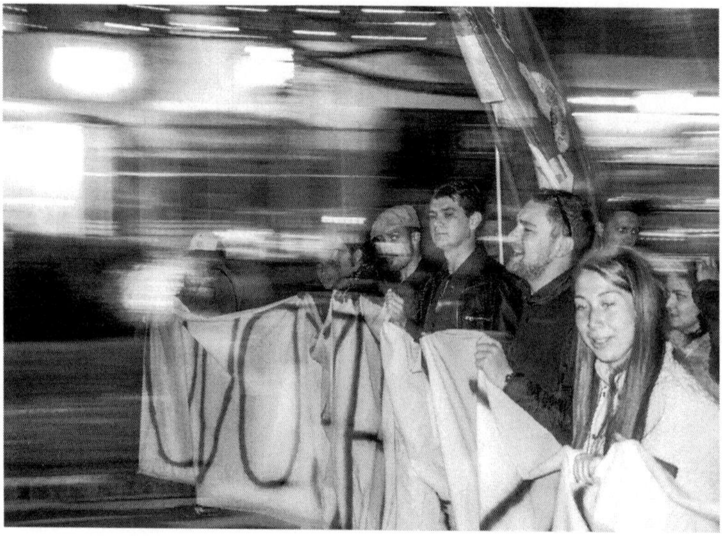

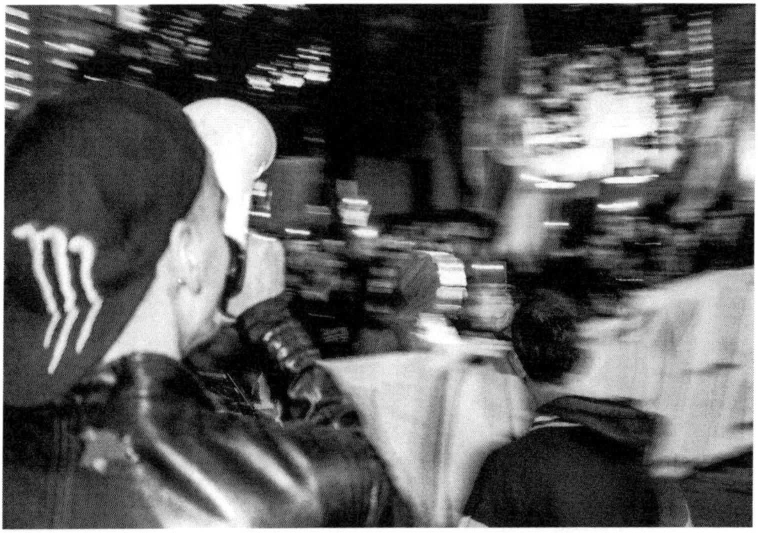

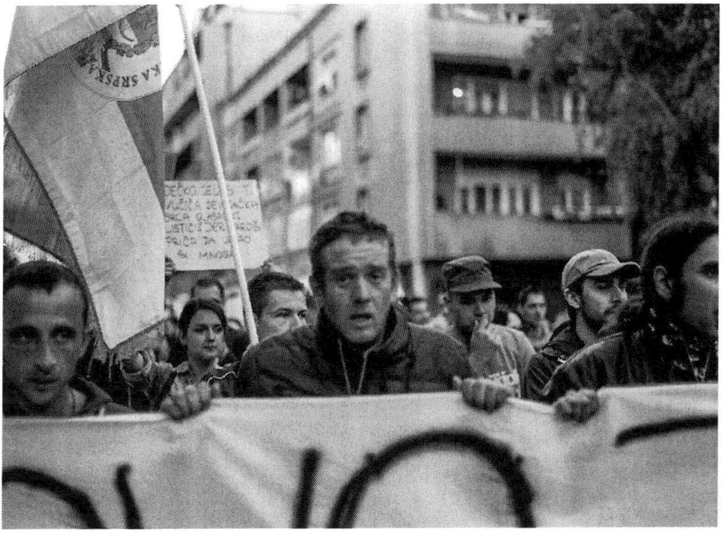

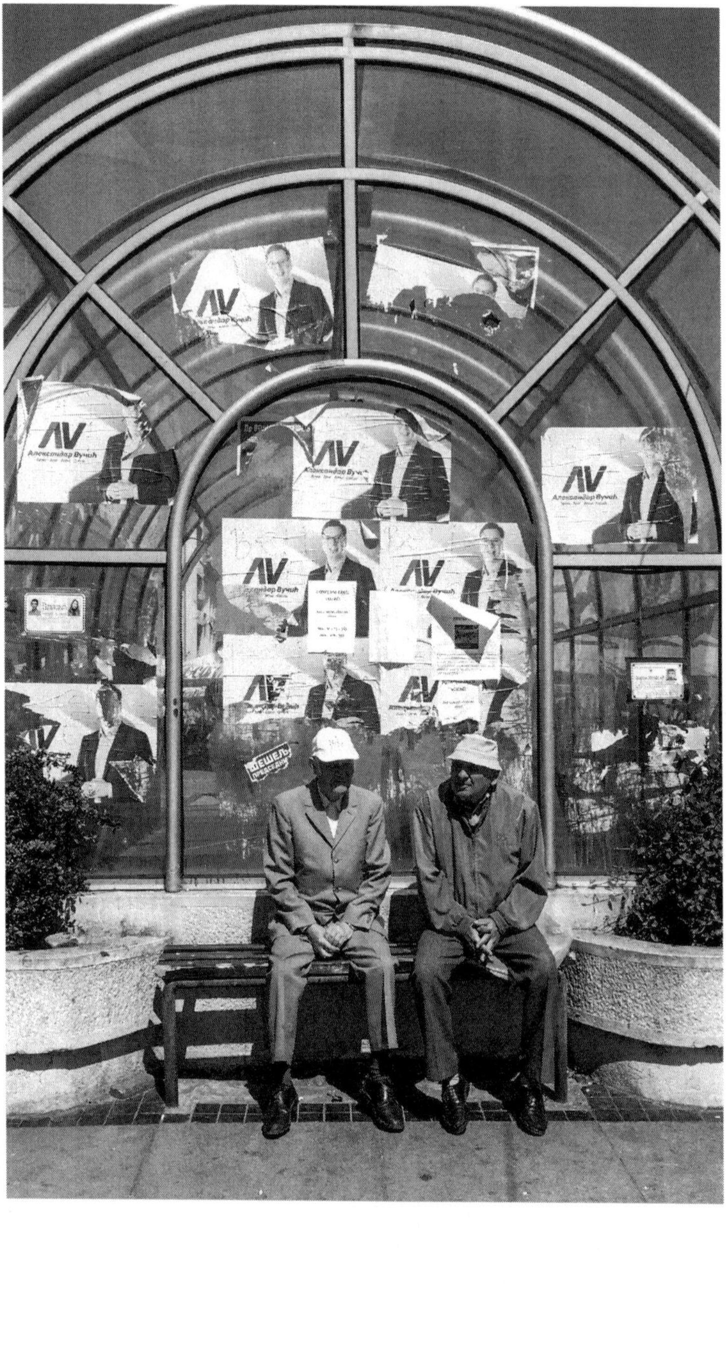
AV
Александар Вучић

МО
Е

еремм

ЕДСЕДНИКА

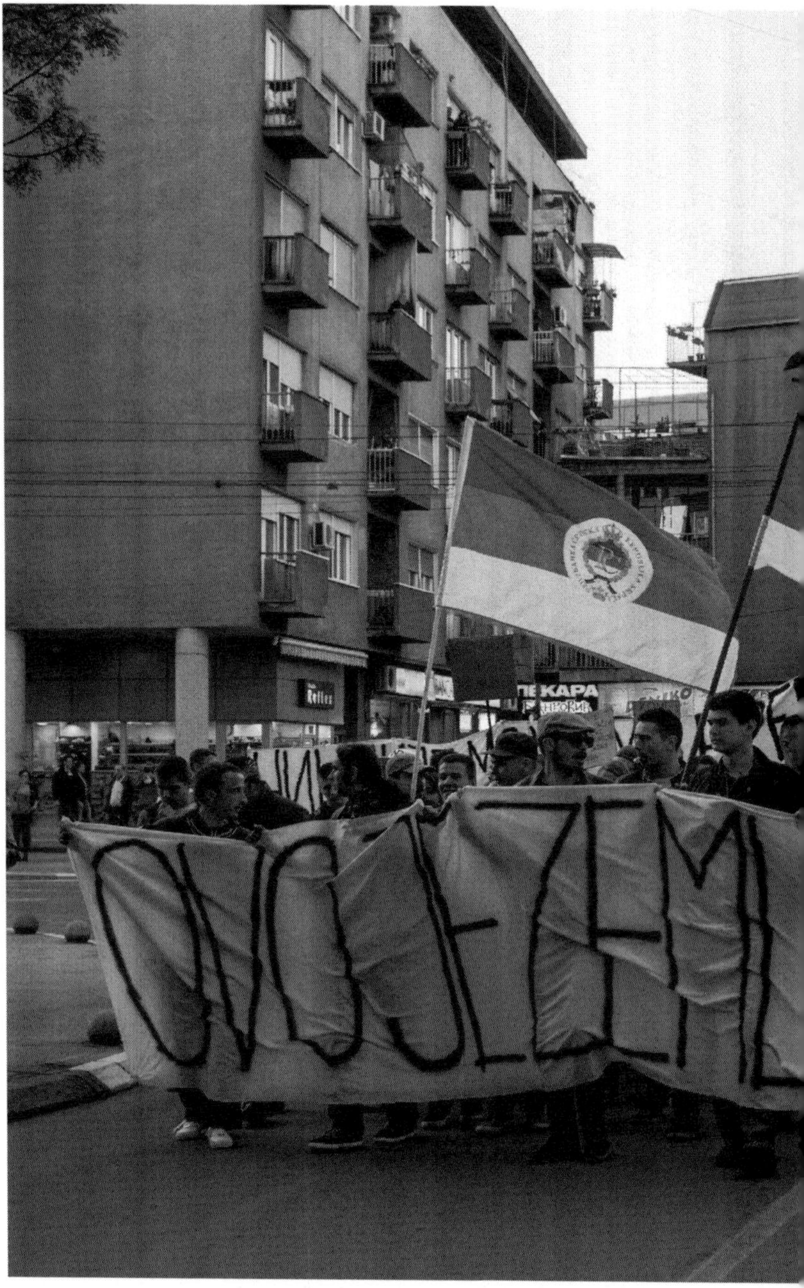
ПЕКАРА
OVO JE ZEML

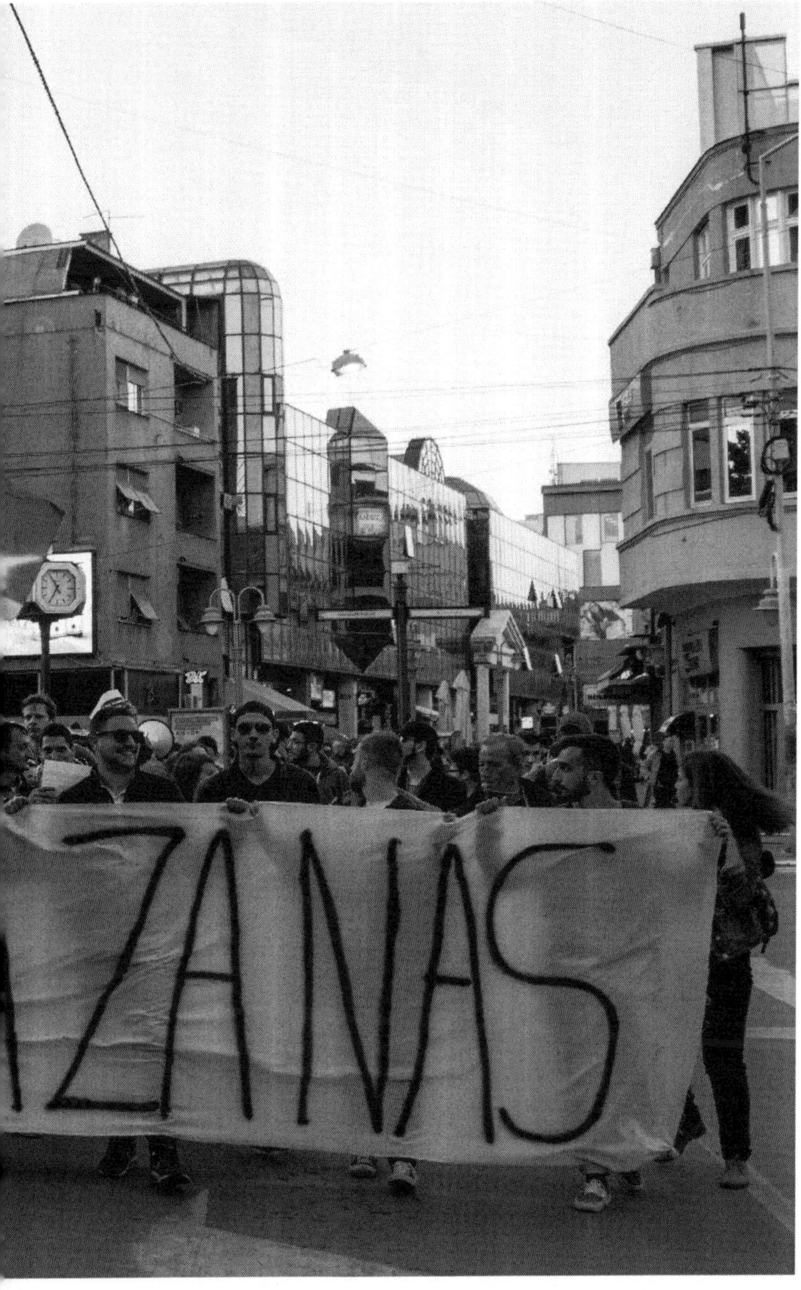
ZANAS

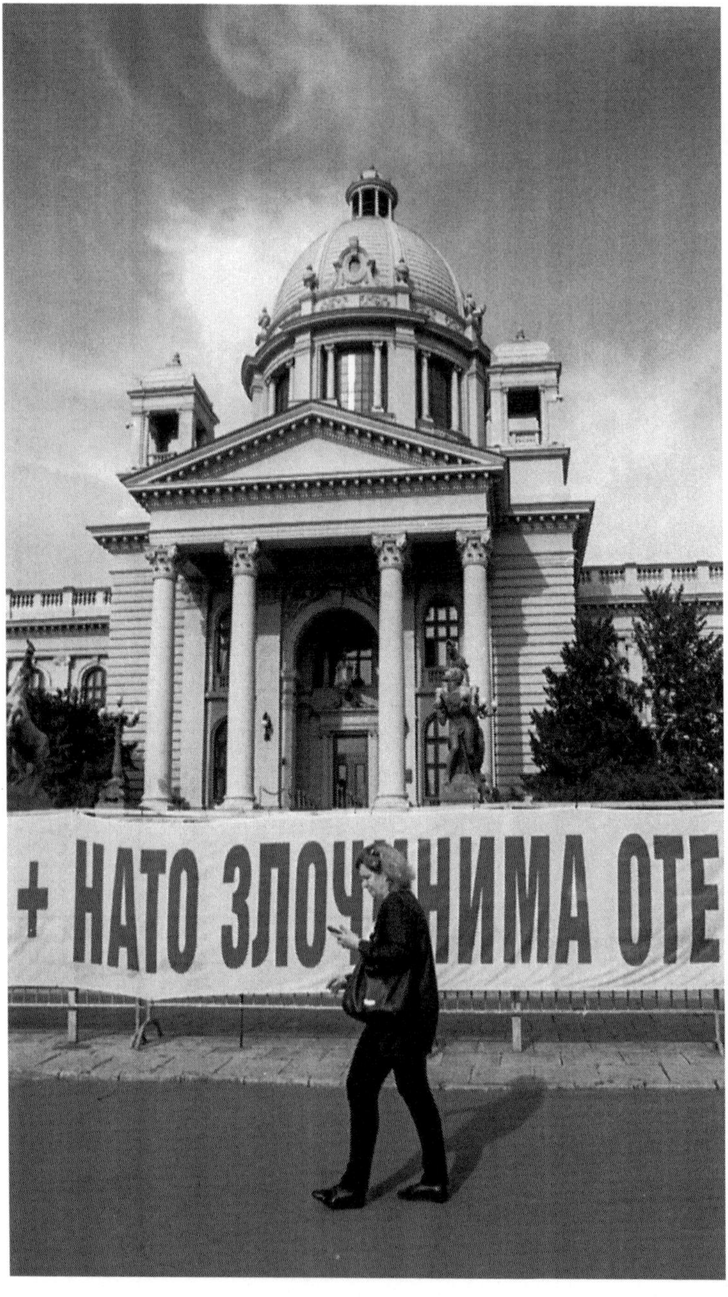
+ НАТО ЗЛОЧ НИМА ОТЕ

13 e 14 de abril
"*Eu espero que mude tudo*"

Depois de mais de 20 dias viajando, voltei para Belgrado. Acho que já posso elegê-la como uma das minhas cidades favoritas da Europa. Quando se conhece bem um lugar, passamos a entendê-lo melhor e assim considerá-lo mais habitável. Algo que dificilmente acontece em uma viagem de férias, quando não há tempo para se pensar em tal coisa. Por falta de sorte, naquele dia a manifestação havia sido cancelada, já que estávamos próximo da Páscoa. Ainda assim, decidi ir até o Parlamento, por volta das cinco horas. Acabei encontrando o presidente de uma associação das vítimas do ataque da OTAN, trocando os cartazes de protesto que ficam em frente ao prédio. Seu inglês era ruim e ele disse que não tinha tempo para falar, mas quando eu disse que era do Brasil, ele abriu um sorriso:
"Dejan Petkovic, *Crvena Zvezda*!"
Expliquei que ele havia jogado no meu time, mas que fez mais sucesso no rival, como já havia dito para o rapaz do bar em Velika Hoca.
"Ele é ótimo! Dejan Petkovic!"
Em seguida, fechou a cara e me perguntou o que eu estava fazendo ali. Expliquei o projeto e ele virou-se para mim e começou a falar:
"Isso aqui é pelas vítimas da OTAN, dos Estados Unidos e dos terroristas albaneses. Não podemos..."
Nesse momento, os manifestantes contra o primeiro-ministro ligaram um som alto do outro lado do banner que ele estava pendurando. Sem terminar de falar, pegou um pedaço de madeira e foi para cima de dois rapazes. Um princípio

de confusão começou, mas foi logo apartado. Por conta disso, perdi o entrevistado, que se revoltou e foi embora. Segundo seu amigo, ele se irritou porque, no primeiro dia de protesto, derrubaram a cerca com o *banner*, que precisou ser trocado.

Em menos de meia hora, a frente do Parlamento estava lotada. Perguntei a um dos manifestantes se ele achava que aquele movimento teria alguma consequência mais concreta. Dimitrije, que preferiu não dar seu sobrenome, tinha 23 anos e havia concluído a faculdade há pouco tempo.

"Eu espero que mude tudo!"

Questionei se eles preferiam um governante mais pró-Europa ou pró-Rússia.

"Sinceramente, pouco me interessa. Até acho que a Sérvia não tem condições de entrar na União Europeia e a União Europeia não deve querer a gente. Só queria um país sem corrupção."

Dimitrije disse ainda que iria para as ruas, todos os dias, até que o governo passasse a respeitar os manifestantes.

"Eles proíbem a imprensa de cobrir, não sai notícia, tudo precisa ser organizado extraoficialmente. Até Milosevic respeitava mais as manifestações contra ele do que Vucic."

Ele demonstrou arrependimento logo após ter dito aquilo.

"É... Sei que ele é um genocida, foi acusado disso. Mas quero dizer em relação às manifestações."

Segui a marcha pelas ruas de Belgrado até a Praça da Revolução. Muito semelhante ao protesto de Nis, este parecia já perder a força e virar algo corriqueiro, sem relevância.

Voltei ao hostel e, por volta das três da manhã, enquanto escrevia, tive a desagradável constatação de que haviam *bed bugs* pelo meu quarto, aquele pequeno percevejo que vai causando alergia e coceira por onde passa. Deixei o local às seis e escrevi uma carta para dono, avisando do problema. Minha ideia era ficar mais quatro dias em Belgrado, mas mudei de planos. Por volta das sete e meia, tendo de me virar para trocar dinheiro na rodoviária, já que não tinha mais dinares sérvios e o guichê não aceitava cartão, entrei em um ônibus para Zagreb. Decidi que voltaria à Croácia após quase três anos e, em seguida, subiria até Viena, de onde voltaria para casa. Como já era um destino conhecido, usei o tempo para andar pela cidade. Visitei o monumento em homenagem a Drazen Petrovic. O ex-jogador de basquete tinha uma interessante e trágica história relacionada com a desintegração da Iugoslávia.

Petrovic foi e é até hoje o maior astro do Cibona, time de basquete de Zagreb. No fim da década de 1980 e início dos anos 1990, ele e Vlade Divac formavam uma das principais duplas do esporte no mundo, quando atuavam pela seleção iugoslava. Com o início dos conflitos que causaram a desintegração do país, a amizade entre os dois acabou, após a comemoração que sucedeu o título mundial de 1990. Divac, sérvio, tirou a bandeira da mão de um croata, que invadiu a quadra segurando o símbolo de sua república, e jogou-a de lado, dando a entender que a vitória havia sido da Iugoslávia. Petrovic, croata, nunca perdoou o amigo. A partir daí, o clima esfriou entre os dois. Eles nunca mais se falaram. Na época, ambos atuavam por times da NBA. Petrovic, após temporadas apagadas no Blazers, viria a ser astro no Nets. Três anos afastados e uma nova e definitiva tragédia colocaria um ponto final na história. Petrovic morreu em um acidente de carro na Alemanha, a caminho de casa, durante as férias. Ele tinha 28 anos.

"Pensei que um dia sentaríamos para conversar novamente. Esse dia nunca chegou", disse certa vez Divac.

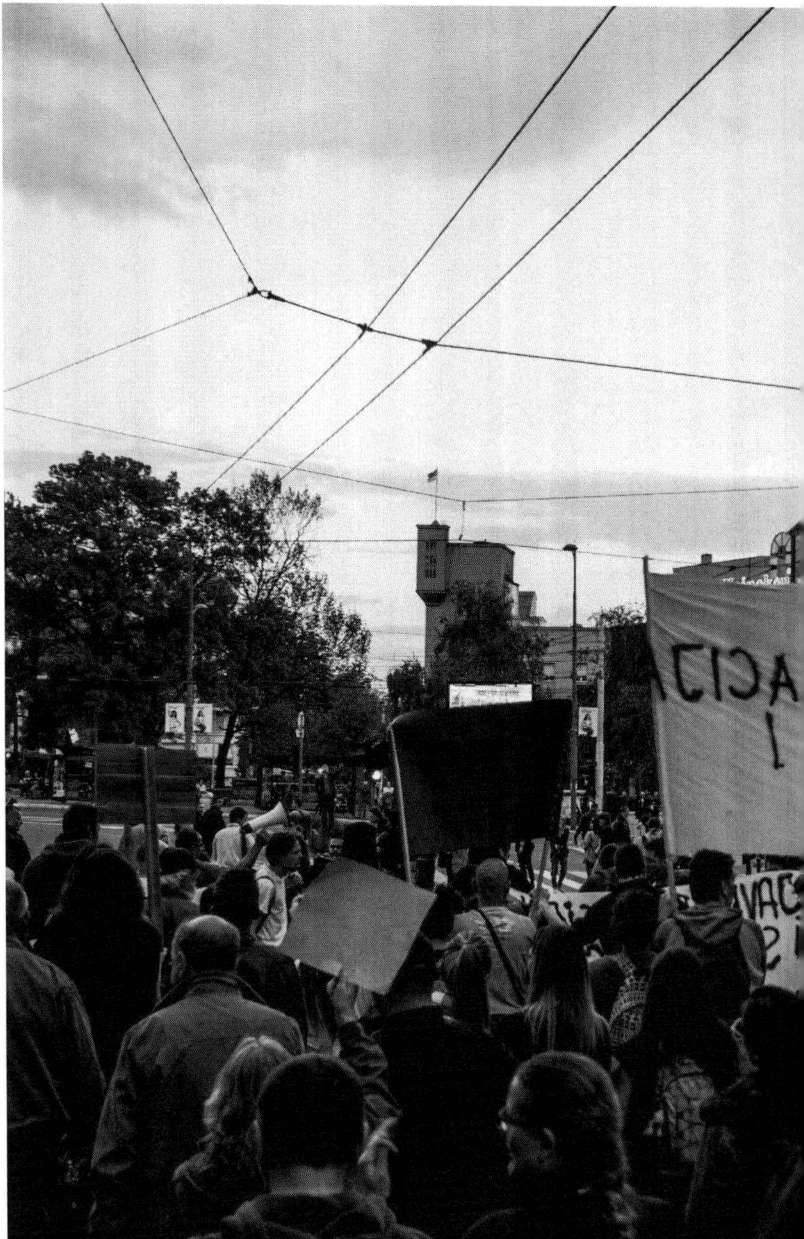

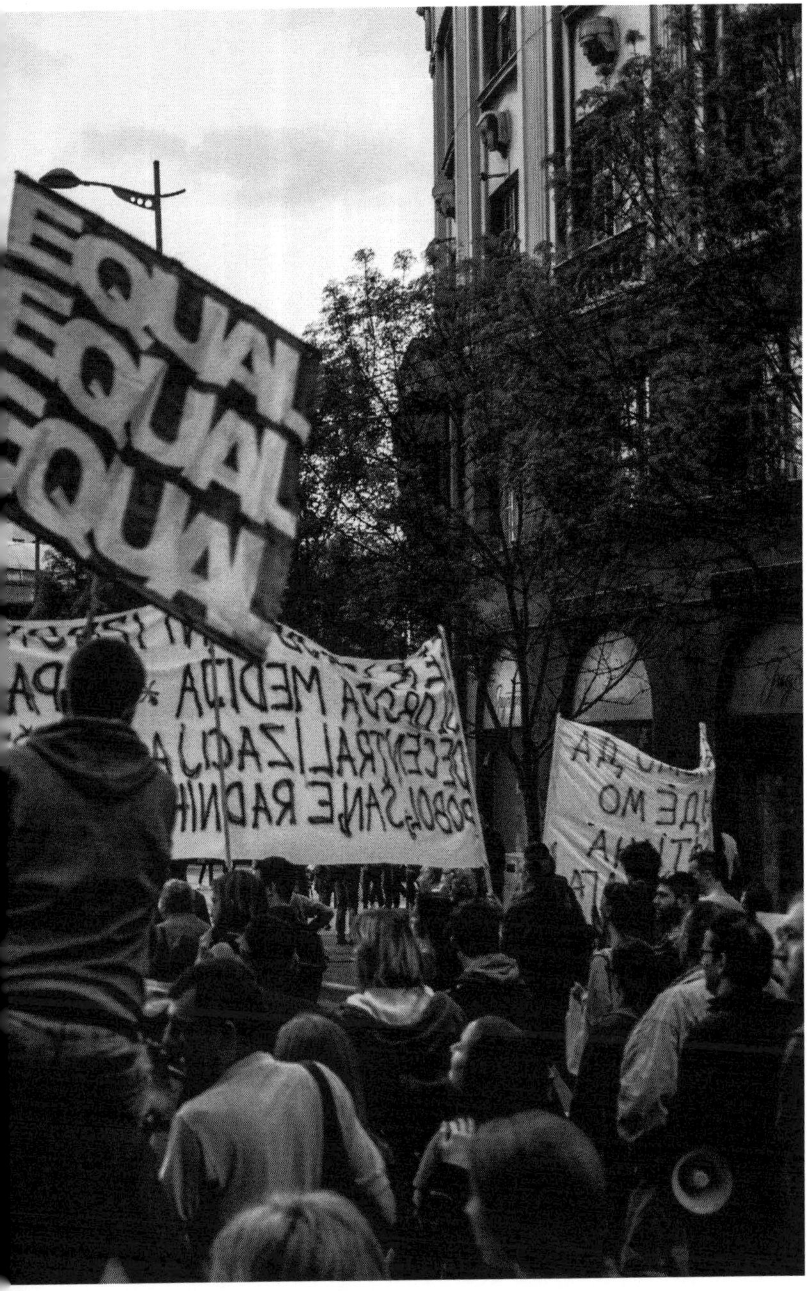

Дедић Бобан
Димић Владимир
Деверџић Радош
Ђорђевић Ратко
Ђорђевић Драгослав
Долашевић Душко
Димић Душан
Добрић Ђорђе
Души Бахри
Букановић Драгомир
Букановић Новица
Ђурица Јован
Досић Јован
Дончић Илија
Димић Милован
Дашић Драган
Букановић Драгомир
Живаљевић Станка
Ђуричковић Вељко
Букић Бранко
Букић Анка
Букановић Јовица
Живковић Властимир

ПОКОЈНОГ ДЕДУ
ВИДИМ САМО НА
СЛИКАМА И КАДА ЈЕ

IZBORI
BG 455-YC

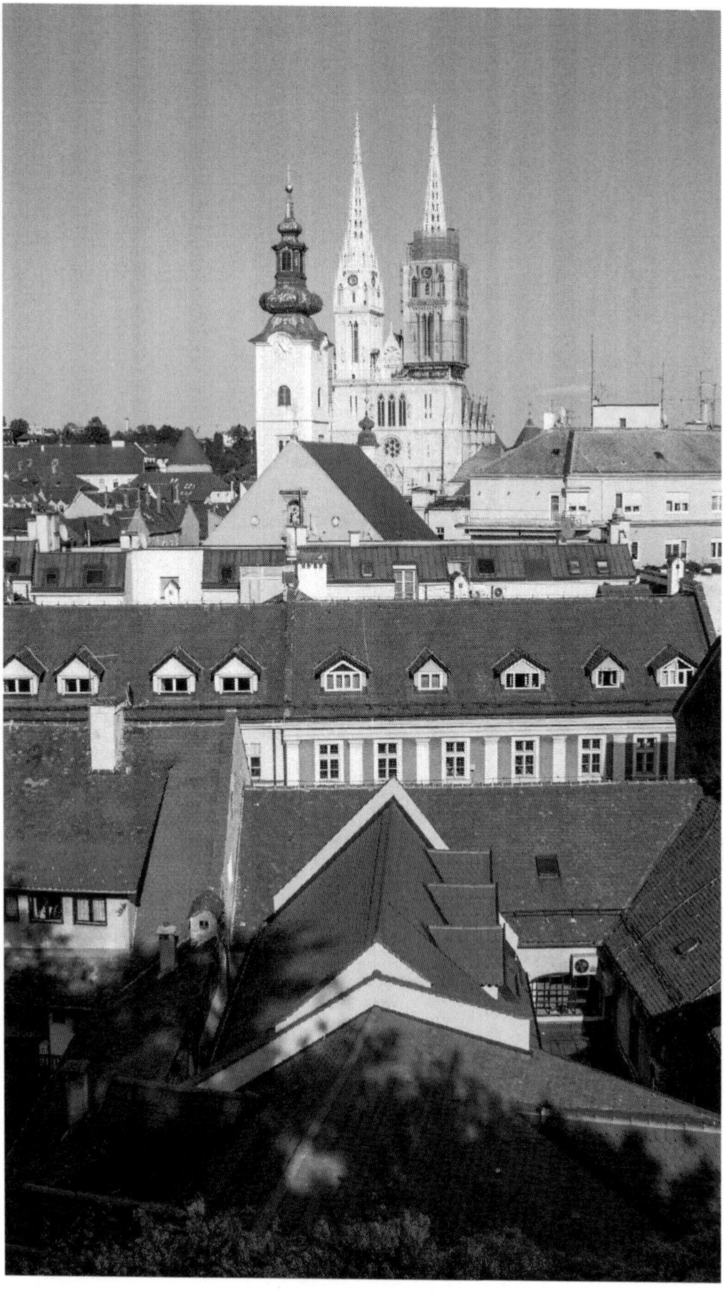

15 e 16 de abril
Croácia-Eslovênia-Áustria

Saí logo cedo para o que seria o último dia na antiga Iugoslávia. Ao meio dia entrei no ônibus para Viena. Antes disso, cruzei a Eslovênia, visitada em 2014. O país é o que mais rápido conseguiu a separação da antiga Iugoslávia. Uma guerra de dez dias sacramentou a nova nação na Europa, logo reconhecida por países como a Alemanha. O conflito lá, diferentemente das outras ex-repúblicas, não está entranhado no dia-a-dia, passa ao largo. Marko, o fotógrafo com quem conversei e que tem ascendência eslovena, entre outras, fez uma colocação interessante sobre o sentimento de se declarar como sendo deste ou daquele país:

> Não sinto que pertenço a alguma nação. Meus documentos dizem que sou sérvio. Mas sinto-me um cidadão do mundo. Muito por conta da origem da minha família. Eles vêm da Eslovênia e Bósnia; eu nasci na Sérvia.

Sua frase se aproxima à do Marechal Tito, que disse certa vez: "ninguém questionou quem era sérvio, croata, muçulmano [bosniak], éramos todos um povo, foi assim na época e ainda penso que é assim hoje."

Antes das seis da tarde desembarcava na capital austríaca. Peguei o metrô e o bonde até o hotel, onde fui muito bem recebido por um senhor egípcio. Não tardei para sair e ainda consegui aproveitar a cidade, antes de dormir para pegar o voo no dia seguinte.

A viagem superou as expectativas. É gratificante ver um projeto sair do papel (e voltar ao papel, na forma de livro). Foram mais de 3.300 quilômetros por terra, desde o desembarque em Belgrado até a chegada em Viena. Procurei visitar os principais palcos dos acontecimentos que contribuíram para a desintegração iugoslava, lugares que ocuparam parte da minha imaginação durante boa parte da infância e adolescência. Apesar de lembrar vagamente da Guerra do Golfo, a primeira transmitida ao vivo, a Guerra da Bósnia foi a primeira que acompanhei com mais atenção, mesmo que com pouca idade. E mais ainda a Guerra do Kosovo, em 1999. Na escola, em 2000, uma professora de português nos exigiu a leitura de um dos dois diários de meninas que viveram na guerra, durante o século 20: o de Anne Frank e o de Zlata. Ainda que o de Anne Frank fosse muito mais famoso e escolhido por 90% da turma, optei pelo de Zlata. Ali, mesmo que com um texto frágil e infantil, me envolvi ainda mais com o assunto. Na mesma época assisti ao filme *Benvindo a Sarajevo*, de Michael Winterbottom. Logo depois, *Terra de ninguém* venceu o Oscar de melhor filme estrangeiro. Vieram os quadrinhos de Joe Sacco e nunca mais parei. Nesse meio, assisti a um filme do diretor Bill Carter, *Miss Sarajevo*, que tinha como fio condutor o dia a dia da menina Alma Catal, então com 11 anos. Tempos depois revi o filme e consegui entrevistá-la para o livro, como vocês leram.

Viajar pela antiga Iugoslávia foi ver como o comunismo pode funcionar e ser trágico. Como ele racionalmente pode ser impraticável, mas emocionalmente pode causar a mais bela nostalgia entre as ideologias. O presidente russo Vladimir Putin disse certa vez sobre o comunismo soviético:

> Quem não lamenta a desintegração da União Soviética não tem coração, mas aquele que deseja seu renascimento não tem cabeça.

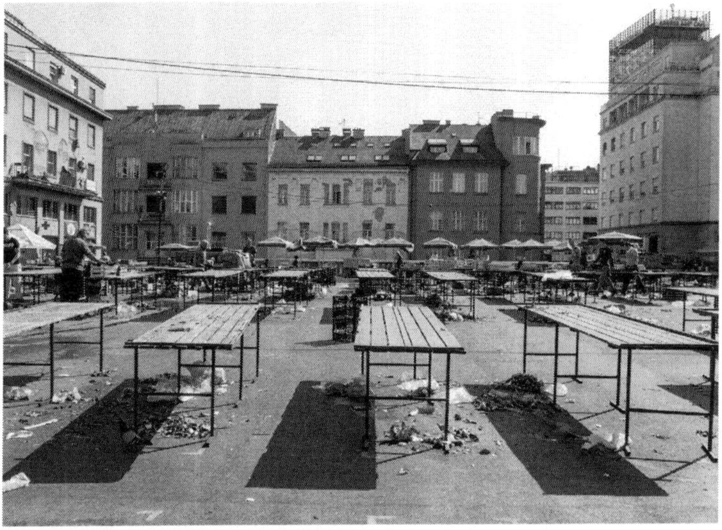

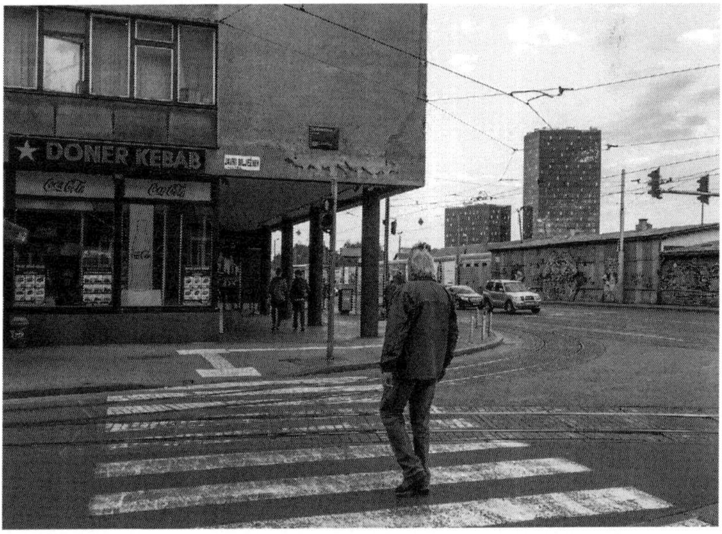
DONER KEBAB

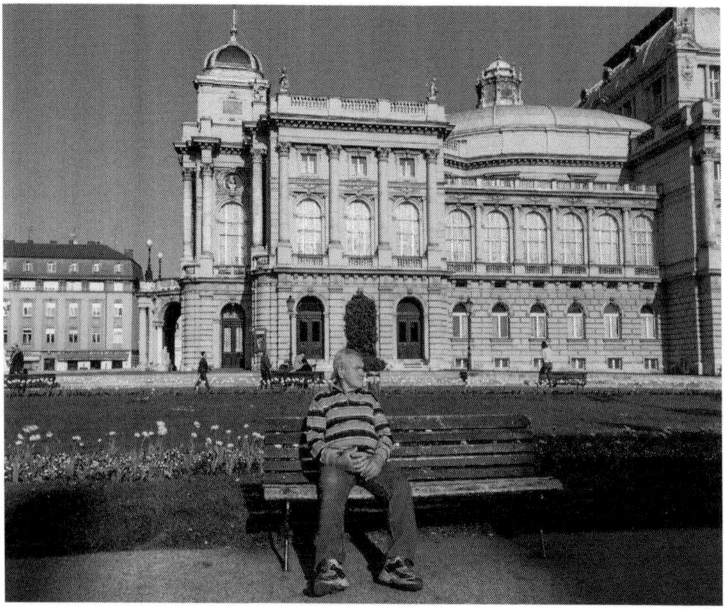

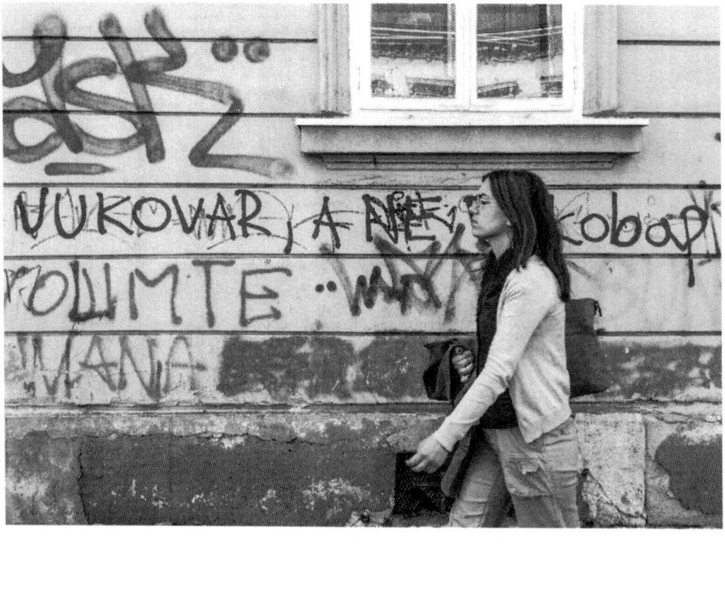
VUKOVAR A NE

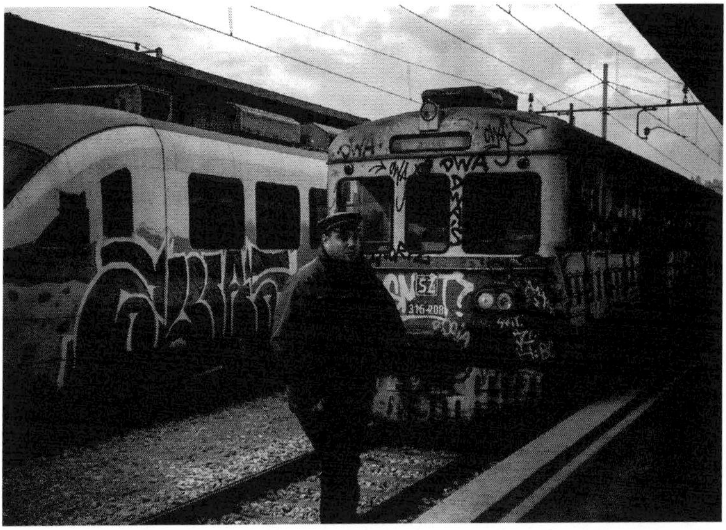

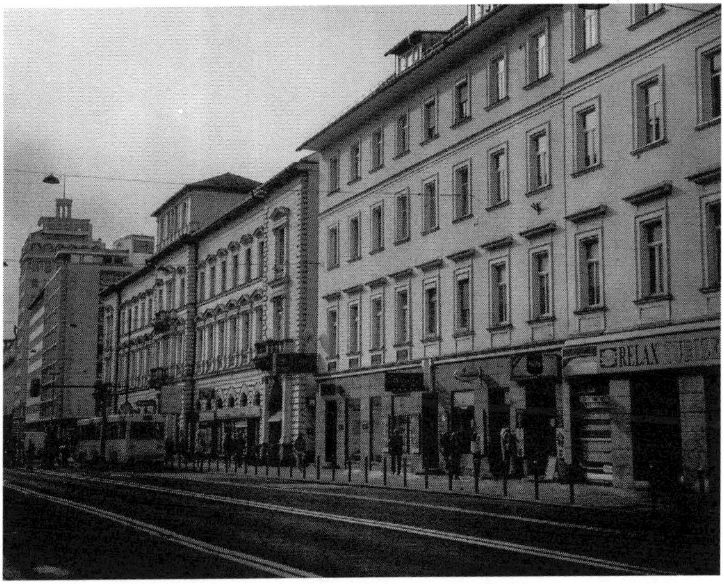
RELAX

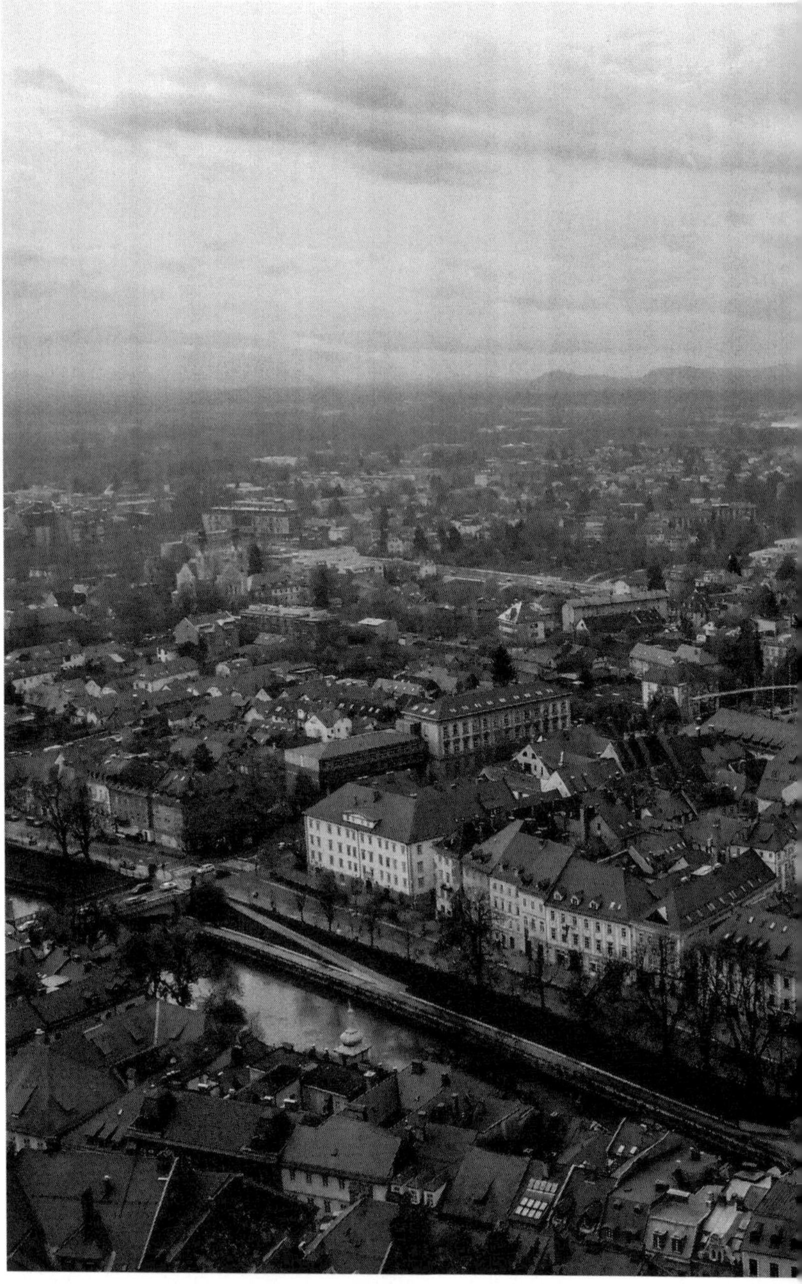

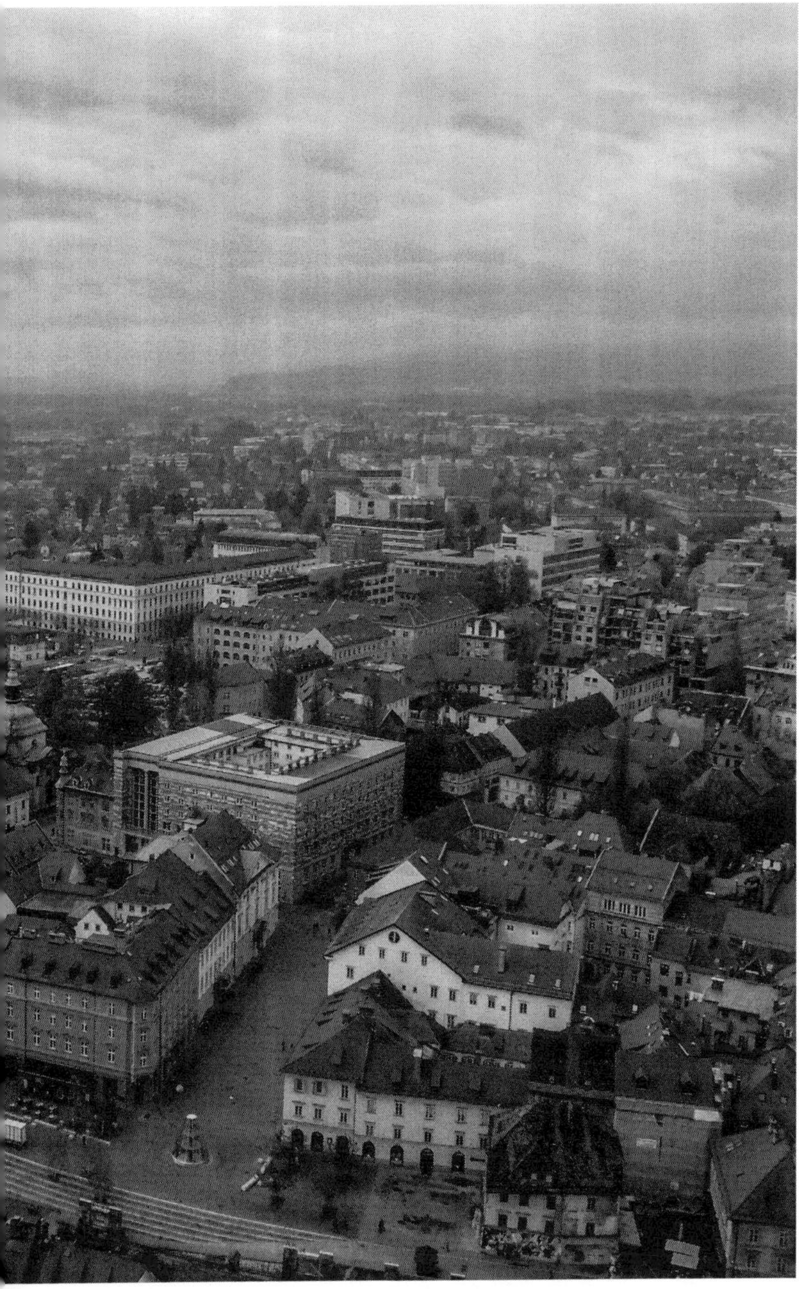

Bibliografia consultada

ABRAMOVIC, Marina. *Pelas paredes*. Rio de Janeiro: José Olympio, 2017

ALBRIGHT, Madeleine. *Madam Secretary*. Nova Iorque: Harper Perennial, 2013

ANDRIC, Ivo. *A ponte sobre o Drina*. Lisboa : Cavalo de Ferro, 2012

ANNAN, Kofi, MOUSAVIZADEH, Nader. *Intervenções, Uma vida de guerra e paz*. São Paulo: Companhia das Letras, 2012

BRANCO, Carlos. *A Guerra nos Bálcãs, Jihadismo, geopolítica e desinformação*. Lisboa: Colibri, 2016

BRZEZINSKI, Zbigniew. "A Plan for Europe: How to Expand NATO". *Foreign Affairs*, 2015

CANEVER, Guilherme. *Uma viagem pelos países que não existem*. Curitiba: Pulp, 2016

CARTER, Bill. *Fools Rush In*. Londres: Corgi, 2005

DEMICK, Barbara. *Besieged. Life Under Fire on a Sarajevo Street*. Londres: Granta, 2012

FILIPOVIC, Zlata. *O Diário de Zlata*. São Paulo: Companhia das Letras, 1994

FOLEY, Conor. *The Thin Blue Line*. Londres: Verso, 2010

FRANÇA, Paulo Roberto de Castilhos. *A guerra do Kosovo, A OTAN e o Conceito de 'Intervenção Humanitária'*. Porto Alegre: UFRGS, 2004

GLENNY, Misha. *The Fall of Yugoslavia*. Middlesex: Penguin, 1996

HOBSBAWM, Eric J. *Nações e nacionalismo, desde 1780*. Rio de Janeiro: Paz e Terra, 1990

JUDAH, Tim. *The Serbs*. Padstow: YaleUniversity Press, 2009

JUDT, Tony. *Pós guerra, Uma história da Europa desde 1945*. Rio de Janeiro: Objetiva, 2008

Kosovo – What Everyone Needs to Know. Oxford: Oxford University Press, 2008

MAASS, Peter. *Love Thy Neighbor*. Nova York: Vintage Books, 1996

MIELNICZUK, Fabiano. *O Conflito entre Rússia e Geórgia: uma revisão histórica*. 2013

MOURA, Paulo. *Depois do fim, Crônica dos primeiros 25 anos da guerra das civilizações*. Amadora: Elsinore, 2016

POWER, Samantha. *Genocídio, A retórica Americana em questão*. São Paulo: Companhia das Letras, 2004

SACCO, Joe. *Uma história de Sarajevo*. São Paulo: Conrad Editora do Brasil, 2005

SÉMELIN, Jacques. *Purificar e destruir, Usos políticos dos massacres e dos genocídios*. Rio de Janeiro: Difel, 2009

SILBER, Laura, LITTLE, Allan. *The Death of Yugoslavia*. Londres: BBC Books, 1995

ZIZEK, Slavoj, HORVAT, Srecko. *O que quer a Europa?*. Lisboa: Relógio d'Água, 2015